U0609960

冠军销售的秘密

冠军销售员都懂的成交心理学

王琳◎编著

广东旅游出版社
GUANGDONG TRAVEL & TOURISM PRESS
悦读书·悦旅行·悦享人生
中国·广州

图书在版编目（CIP）数据

冠军销售的秘密：冠军销售员都懂的成交心理学 / 王琳编著. — 广州：
广东旅游出版社，2014.6（2024.8重印）

ISBN 978-7-80766-851-0

Ⅰ.①冠… Ⅱ.①王… Ⅲ.①销售－商业心理学 Ⅳ.①F713.55

中国版本图书馆CIP数据核字（2014）第098622号

....

冠军销售的秘密：冠军销售员都懂的成交心理学

GUAN JUN XIAO SHOU DE MI MI：GUAN JUN XIAO SHOU YUAN DOU DONG DE CHENG JIAO XIN LI XUE

出 版 人　刘志松
责任编辑　李　丽
责任技编　冼志良
责任校对　李瑞苑

广东旅游出版社出版发行

地　　址	广东省广州市荔湾区沙面北街71号首、二层
邮　　编	510130
电　　话	020-87347732（总编室）　020-87348887（销售热线）
投稿邮箱	2026542779@qq.com
印　　刷	三河市腾飞印务有限公司
	（地址：三河市黄土庄镇小石庄村）
开　　本	710毫米×1000毫米 1/16
印　　张	14
字　　数	200千
版　　次	2014年6月第1版
印　　次	2024年8月第2次印刷
定　　价	59.80元

有人说"销售是一场战争"。既然是战争，销售员通过销售除了能得到丰厚的回报以外，还会面临诸多的困难。很多销售人员为了提高自己的业务能力，都会学习一些销售应对策略，但又不一定收到预期的结果，这是为什么呢？因为，销售也是有秘密的，这就是销售员不能刻意模仿别人，而要有适合自己的销售技巧！

销售员要善于学习，从前人的经验中发掘提升自己的有利知识。技巧，说的是一种对生活或工作方法的熟练和灵活运用，而销售的技巧是每个销售员在和客户交流沟通中特定的方法。销售的技巧包括了如沟通技巧、客户心理学、人类行为学以及自己所销售产品相关学科的知识，甚至是人的各种爱好以及对社会现象的态度。每一个人的自身条件不一样，所处的环境和应对的客户不一样，因此产生的问题也就不会一样。若能将好的习惯灵活运用，到销售过程当中，取得好的成效也就理所当然了。

销售经验可以帮助人们更好地去提高销售业绩。人们得出这样的结论是因为看到某人使用这种销售技巧取得了不错的效果，但是有一点是值得大家注意的，那就是这种销售技巧放在自己身上能否产生同样卓越的效果。

技巧是可以通过训练得到提高的，应对策略也能提示销售员少走弯路，这个过程必须要让销售员经过感觉不适应、很难受，到舒服，再到得心应手。很多人会因为自己的习惯而拒绝使用让自己难受的一些销售技巧，不愿意进行学习或训练，那么就会影响销售技巧的发挥。

销售做的是人际关系，不只是一个人的游戏，还涉及了方方面面的因素：外部的大环境、客户的消费习惯、人际关系、竞争对手、自身的条件。这些因素造就了销售环境的多样性，不是简单地复制就可以完成的。但销售往往在一定程度上又具有共通性，因此，对于销售应对策略的学习和把握要学会思考性地接受，找到适合自己的、可以帮助自己的技巧，熟练地应用到自己的销售过程中，就会成就自己的销售技巧。

适合自己的才是最好的，对于什么是最好的销售技巧和应对策略，销售员要仔细辨别，选择学习，并在实践中不断地揣摩和借鉴，才能不断地提高自己。

Contents
目 录

第一章　确定产品客户群，销售"射击"才更准

　　你的客户在哪里？只有将这个问题明确，销售员的工作才会卓有成效。销售准备工作做得好与坏，对销售活动的成败影响非常大。收集客户的详尽资料，可以使销售人员在销售中占据主动的地位。你对客户的情况了解得越透彻，你的销售工作就越容易开展，越容易取得成功，越容易收到事半功倍的效果。

1.先帮产品找到最需要它的人 / 3

2.人海茫茫，找客户就是要"精准狠" / 6

3.死守目标，坚持到底就能获得成功 / 9

4.别做表面文章，把潜在客户挨个挖出来 / 13

5.抓住"领头羊"，后面跟着的羊群还会远吗？ / 16

6.确定客户群落，再去想接近群落的策略 / 19

7.想见高端客户，就别懈怠了能接近他的人 / 22

Guan Jun Xiao Shou De Mi Mi

冠军销售的秘密

冠军销售员都懂的成交心理学

第二章　面对面的交谈，真诚与微笑绝对不能少

人与人之间的交往，是从交谈开始的，交谈同样是销售员与客户交朋友、拉近距离、在思想上沟通的有效手段。许多事情就是在不经意的闲谈中找出双方的共同点，在思想上和心理上产生一种共鸣，达成一种共识，从而获得客户的认同，使你和他人之间建立起良好的关系。很多时候，借助于面对面的交谈，可以让两个毫不相干的陌生人交上朋友，销售工作就轻而易举地完成了。

1.问好是一门多彩的艺术 / 29

2.强卖绝对不可取 / 32

3.学会吸引客户的交谈技巧 / 35

4.带上商品，让他亲身体验一把 / 38

5.你的微笑照样能吸引他的眼球 / 41

6.少用不确定的词语来"忽悠"客户 / 44

7.语言配合手势，让你的交谈更流畅 / 47

8.时刻让客户感受到你的真诚 / 50

第三章　拨通客户电话，语言比产品本身更关键

优秀的销售员特别重视强化前期的沟通，成功销售的关键其实就在于诸多环节的前期沟通。销售员在前期沟通过程中一是要建立信任感，让客户对企业信任，对自己信任，对产品知识的灌输也要达到一定程度；二是要建立亲和感，经过几次的电话沟通双方要达到很亲切的程度。这样在与客户的沟通中需要强化的只是企业形象和产品功效，起到的是临门一脚的效果，所以销售员一定要强化前期沟通。

1.设计新颖独特的开场白 / 57

2.热情，是绝对不能少的态度 / 60

3.言语有侧重，不要太直白 / 63

4.千万别弄错了客户的姓名或性别 / 66

5.客户的时间很珍贵，你的言辞要有针对性 / 70

6.客户在说话时，千万别打断 / 73

7.受到客户打击，也别流露出气愤 / 76

8.言辞要谦和，尊重之意适时表露 / 80

第四章　为客户做准备，将产品打造得美轮美奂

　　产品是销售的根基，销售员唯有熟悉自己的产品，做好充分的准备，才能够在客户面前将其展现得美轮美奂。销售员要根据客户的心理变化来介绍产品，还需学会问"有效的问题"；在展示资料时，懂得信息的"有效呈现"；客户心理发生变化了，要果断调整介绍的重点，切合客户的心理需求，这样才能使每次销售拜访都会有所收获。可以说，能够有针对性地介绍产品，才能真正把握客户的内心，从而获得客户的青睐。

1.产品介绍要一目了然 / 87

2.心中设定讲解模块，分清主次 / 90

3.突出产品的价值，显示其独一无二的优点 / 93

4.寄送样品为成功拜访做好铺垫 / 96

5.专业术语最好做一下解释 / 100

6.准备所需的资料，别慌乱无章 / 103

7.预先了解客户，也能帮你完成任务 / 107

第五章　人脉即是财脉，主动布设潜在客户网

做销售的过程就是一个交朋友的过程，朋友做成了，销售就顺理成章地成交了。因此，销售人员拜访客户就是去"找朋友""交朋友"。认识陌生客户的渠道有很多，家庭聚会、各种网络俱乐部、兴趣沙龙、展览会等，只要有心，处处皆朋友。销售人员本着"先交朋友，后做销售"的宗旨去做，就不愁做不成销售。

1.先做朋友再谈销售一样可行 / 113

2.学会通过老客户发掘新客户 / 115

3.主动和客户"套近乎"没什么不好 / 119

4.适时地递上你的名片 / 122

5.小礼物促成大生意 / 125

6.关心客户，他们才会关心你的产品 / 128

7.充分利用已有的人脉关系 / 132

第六章　窥探客户的"小阴谋"，让销售反败为胜

纵观古今中外，但凡能驾轻就熟地处理好人际关系，懂得说服别人的人，无不熟谙"人性"。就好比打鱼的人要通水性、懂"鱼性"，养鸟的人要懂"鸟性"一样，销售员或其他从事人际关系工作的人必须熟谙"人性"。销售人员必须有鉴人能力，必须熟谙"人性"。窥探出客户的真实想法，就能让你的销售反败为胜。

1."钩"住好奇心强的客户 / 139

2.明白客户的消费心理才能更有目标 / 141

3.抓住客户的"从众"心理 / 144

4.消除客户的"怕被骗"心理很重要 / 147

5.少花钱是他们的最终目的 / 151

6.满足客户占小便宜的爱好 / 154

7.表面上要满足客户的利益要求 / 157

8.客户的逆反心理超级强 / 161

第七章　形象销售要"出彩"，销售自己更重要

想让客户接受我们的产品，就让客户首先接受我们的人。自我的形象是人际交往中最锋利的一把刀，也是最有效的销售工具。俗话说："第一印象价值百万。"销售人员首要具备的条件是一副很干练的形象，你的装扮和礼貌散发出的化学作用，会使你有如天赋神力。打造好自己的形象，不仅是成为一流销售高手的基本要求，要在人群中受到欢迎，这也是必备条件。销售自己是能够助你走向成功的不折不扣的高效"通行证"。

1.疯狂卖手不留疯狂发型 / 167

2.你的着装也是产品的包装 / 170

3.你的服饰还在为你"丢人"吗？ / 174

4.像商品一样，学会展示自己 / 178

5.诚信的形象让销售更顺畅 / 181

6.展示你灵活聪慧的应变力 / 184

7.自信，让自己变得更高大 / 187

冠军销售员都懂的成交心理学

第八章　售后服务要到位，紧密"锁住"客户源

俗话说，维护一个老客户胜过开发几个新客户。顾客就是上帝，是销售员的衣食之源，作为一名销售员，客户就是自己的衣食父母。如何才能和客户维持好关系，是关系到自己的生计大事。优秀的销售员不会做"一锤子买卖"，他们非常在意客户的售后服务工作，这项工作做到位，会很容易地与客户保持长期且良好的合作关系。

1.每个单子身后都有"巩固"措施 / 195

2.客户喜欢你主动上门 / 197

3.认真对待每个客户的咨询 / 201

4.服务人员的态度关乎客户的去留 / 204

5.接受客户的批评才能销售得更好 / 207

6.如何扩大再销售，实现转销售 / 211

第一章
确定产品客户群，销售"射击"才更准

你的客户在哪里？只有将这个问题明确，销售员的工作才会卓有成效。销售准备工作做得好与坏，对销售活动的成败影响非常大。收集客户的详尽资料，可以使销售人员在销售中占据主动的地位。你对客户的情况了解得越透彻，你的销售工作就越容易开展，越容易取得成功，越容易收到事半功倍的效果。

1.先帮产品找到最需要它的人

　　每一种产品都是有"家"的，也是有需要它的主人的。一种服务或者是一件东西之所以能够成为商品，最重要的原因是其具有可供销售的价值。然而，如何将这种价值完美地体现出来，销售经理就要下一番苦心，为产品找到它的"主人"。

　　人从生到死都在乐此不疲地做着一件事情——消费。人们为了生存而消费，为了生活而消费，为了享受而消费，而与消费建立起来的最直接的链条就是产品。产品的价值就是人们消费的动力，也是吸引人们消费的关键因素，销售经理更是应该认识到这一点。可以这么说，人只要活着就需要产品为自己服务和被自己使用。那么，如何帮产品找到最需要它的人，其实就是销售商在为产品寻找消费者。

　　每个人有每个人的生活需求，每个人对生活的要求也是不尽相同的，这就注定了人们对产品的选择会截然不同。当然，最直接决定消费群的因素是产品的使用价值，销售人员要让人们看到产品的价值所在，当它的价值被需要它的人们所认可时，人们自然会心甘情愿地为它"买单"。

　　销售人员要想将自己的产品成功地推销出去，就要明白是什么样的人最需要这种产品，也就是"按需推销"。只要有需要，人们才会主动购买。如果你的产品是拐杖，那么你的消费群就可想而知肯定不是年轻的女性朋友。一种产品要有一种产品的目标受众，这样才能够销售成功。

李建辉大学毕业后没有像其他的同学那样急于去找工作，因为在他的心头跳动着两个字，那就是"创业"。他想要创业，想要回到自己的家乡创业，于是，他毫不犹豫地回到了自己生活的那个小城市中，那里的人们消费水平不算高，但是不少小店也非常的热闹。

李建辉决定开一家小饭店，但是在这座小城市中饭店已经大大小小的有不少了，如果自己的饭店没有特点，那就是没有竞争能力的。这天他去看了店面，然后回到家，听到姐姐正在给她的朋友打电话，原来姐姐要和朋友出去吃饭，只听姐姐说："去哪儿吃饭啊？现在饭店的饭一点儿营养也没有，吃完只会让我们长胖，还不如在家凉拌黄瓜吃得舒服呢……"

李建辉听完之后心中突然闪现了一个念头，那就是开一家"营养餐厅"，特点就是营养。于是他查询了很多资料，发现有一种江西的瓦罐汤不仅口味多变，而且不同的食材在一起还能够起到不同的保健作用。当然，自己的餐厅的客户群主要是那些年轻的女性朋友，因为她们都希望在品尝到美食之后还能够美容养颜、保持体形。

按照自己的想法，李建辉决定去江西学习考察，希望将自己的瓦罐汤做得更加地道。经过两个多月的准备，他的营养餐厅终于开业了，他的卖点就是"营养健康"。一个月下来，就连他自己都没想到，餐厅的出品竟然会这么受欢迎，当然，成本很快也赚回来了，他的餐厅在这座小城中具有了一定的名气。

每种产品都有最需要它的人存在，就如同李建辉的"营养餐厅"一样，他把握住了年轻女性的心理，更是把握住了自己所推销的产品的价值，这样自然能够吸引更多的目标消费人群。如果李建辉的餐厅和其他的餐厅一样，根本没有体现出自己产品的独特之处，那么怎么可能会让自己的餐厅受到欢迎呢？

作为一名销售经理或者是销售人员，如果想要让自己"卖得开心"，那么就应该自信地分析一下产品的关注人群，为产品找到最需要它的人。

第一，先分析一下你的产品能发挥什么作用。这一步是再关键不过的了，如果你不知道自己的产品最直接或者最重要的作用是什么，那么作为一个销售人员还怎么去推销自己的产品呢？当销售经理们能够找到自己产品的卖点，那么自然也就能够发现产品的目标消费群了。

第二，让产品自己来"说话"。销售人员可以尝试将产品推向市场之后听一下消费者对产品的评价或者是反映，关注人群其实也就是消费人群。这个时候你会发现，其实关注的人都是具有一定特点的，也就是都具有一定的共性，这样你就能够通过产品来监测出消费群体，从而正确地确定销售目标了。

第三，不要被假象迷惑。在销售的过程中，必然会遇到各种各样的人，有的人只是出于好奇才会来咨询你的产品，千万不要将这些人当作是最需要你的产品的人，要善于区分。

2.人海茫茫，找客户就是要"精准狠"

即便你拥有世界上最完美的商品，你的客户群也不可能是世界上所有的人。一种商品总是有它特定的客户群，销售人员如果能够通过各种方法和手段找到最核心的消费群，销售自然也就变得顺理成章。如果确定的客户群有偏差，那么你的销售计划自然会大打折扣。

世界上的人何其多，你的产品的消费人群不可能是全部人。每一行都有每一行的支持者和关注者，更何况在每一行中还分不同的层次，面对不同的层次都会有特定的产品导向。如果无法让自己的产品变得更有独特性，那么客户自然也就不会那么的明确。销售经理应该通过一些手段和方法为自己的商品寻找客户群，而在这些手段中，都离不开"精准狠"。

销售人员应该都明白一个道理，那就是在自己产品的面前，人会自然地分出"三六九等"。一个合格的销售经理就应该将这些人进行分类定级，如果不能够很好地定位，那么自然就找不到目标受众。当然了，寻找客户的手段也是十分重要的，一个有经验的销售人员，不仅仅是要将自己的商品推销出去，更重要的是分析客户群，让自己的商品长久不衰地卖出去。

销售战略很重要，这不仅仅是手段，更是技巧。世界上的人都是消费者，但是自己的商品的消费人群是哪一种呢？要为自己的商品进行客户定位，就必然要分析得精妙、准确。如果你觉得自己的产品适合所有的人，那么只能表明你的产品什么人也不适合，越是泛泛的消费群，越不会销售成功。

李翔宇的服装店与众不同，这一点在当地已经是被公认的了。

2010年的时候，李翔宇打算在自己生活的县城里开一家服装店，自然是先要进行市场考察了。他发现在县城中生活的人们的消费水平没那么高，如果是卖高档服装，那么消费人群会很少，而且县城里已经有了多家高档服装店。都说年轻人爱买衣服，而卖年轻人衣服的服装店更是多不胜数。

一次，回老家看望年过七旬的奶奶。奶奶正在院子里乘凉，见到自己的孙子回来了，自然是十分高兴。奶奶穿的短袖上衣是从来没看到过的，一问才知道是叔叔从南方给她买回来的，说是专门为老年人设计的，宽松的同时也很凉快。奶奶说现在卖老年人的衣服的服装店很少，虽然老人不常常买衣服，但是逢年过节的时候都想要有那么一两件像样的衣服。

李翔宇眼前一亮，似乎想到了什么。他心想：是啊，在这个县城中，他还没看到一家专卖老年人衣服的服装店，虽然现在农村人的消费水平不高，但是人们的生活已经开始变得富足了，老年人买衣服也变得十分平常。更何况很多儿女在父母生日的时候都想给父母买几件衣服，只是苦于找不到合适的卖老年人衣服的服装店罢了。

回去之后，为自己的服装店做了一个大胆的定位，那就是只卖老人的衣服，不涉及年轻人的群体。他将自己的商品客户定位得很精准。当他对朋友讲了自己的想法之后，朋友劝他别将消费群定位得这么单一，可以在卖老年人衣服的同时再卖些年轻人的衣服，他却没有听朋友的。李翔宇又想到老年人因为年岁大了，可能会变胖，市场上很多的衣服都穿得不合体，于是，他在卖成品衣服的同时，也定做衣服，就是只要知道老年人的尺寸，便可以选择布料，然后为老人量身做衣服。

没想到在短短三个月的时间里，他的店铺已经被整个县城的人都知道了，连县城周围的，人们都知道有一个"翔宇老年服装专卖店"，在那里可以为老人买到适合的衣服，他的生意自然也是十分兴隆。

李翔宇为自己的服装店客户定位为老年人，这样"精准狠"的客户定位，让他的店铺独树一帜，从而也吸引了此类消费群体的关注，生意自然也变得无比兴隆。如果李翔宇当时没有下狠心，不敢将消费群只定位为老年人，那又怎么可能会让自己的店铺被人们广为知晓呢？

在销售行业，用来找准客户的方法，真是多得不胜枚举，就像社会上所有行业的形形色色的销售员一样。但是，销售经理要想卖掉自己的产品，就要找到合适的客户群体。

第一，将客户定位精确到某一类上。很多销售人员希望自己的产品得到社会各界人士的认可，从而舍不得放弃任何一类人群，到头来却是哪个阶层的消费者也没抓住。所以说销售人员千万不要贪多求全，要将自己产品的消费群体定位在一类最有需要的群体上，从而想办法来赢得此类人群对产品的喜爱就可成功。

第二，准确地为产品定位，不可出现偏差。所谓定位准确，就是要求销售人员在为自己的产品寻找客户的时候，要一次"射击"成功，千万不要在没有准确掌握消费群体的情况下就大肆宣传，遇上要变换客户群的时候还要变换宣传策略，这样必然会消耗更多的资本。

第三，对自己狠一点，千万不要瞻前顾后。所谓的对自己"狠"，就是指销售经理不要总是期望消费者自动找上门，更不要在确定了消费人群之后瞻前顾后，也就是说"该出手时就出手"，这一点是十分重要的。

马克思曾经说过："由产品变商品为惊险的一跳，正是这一跳才创造了价值。"而销售人员就是让这一跳变得更加精彩的艺术家。所以说要想让自己的产品完成这一跳，就应该为产品找到好的客户群。运用精确的眼光，进行准确的定位，然后再"狠"一点，认准那类最有需要的人群，将自己的产品推销给他们。这样你会发现产品已经完成了惊人的一跳，销售人员也已经实现了自己的价值。

3.死守目标，坚持到底就能获得成功

销售人员做任何一件事情都要确定自己的目标，坚持到底，这样才可能实现。销售经理在每个季度，甚至是每个月都会对销售制订一个计划，确定这个月或者是这个季度的销售目标和完成的最低销售额。如果能够坚持自己的销售政策，那么，即便是做棺材铺的老板也早晚能够成为销售冠军。

现在有很多销售人员每天都是忙忙碌碌的，总是一脸疲惫不堪的模样，但是销售却没有成果，或者说根本没有起色，这是为什么呢？在开始的销售活动中，销售人员一般会参照一些资料，为自己制订目标，而在销售过程中必然会遇到一些磨难，甚至说是"绝境"。当遇到挫折的时候，又有几个销售人员能够坚

冠军销售员都懂的成交心理学

守目标呢?

不管是做什么工作,最需要的就是坚持,能够坚持到底,即便是没有实现自己想要的结果,结局也不会坏到哪儿去。销售人员如果遇到困难之后直接放弃,那么不管是销售什么产品,都不会得到客户的认可。既然确定了销售的目标,如果你相信自己的实力,相信自己的产品,那么就应该勇敢地坚守下去,因为坚守目标是一种不可阻挡的力量。

销售经理在制订了自己的销售目标之后,自然要相信自己的能力,如果一遇到坎坷就开始怀疑自己的能力,那么谁还会相信你能够成功呢?同样,当你在怀疑自己能力的同时,也会引起消费者对你所推销的产品的怀疑,这种怀疑会加重你面前的挫折,即便此时你所拥有的产品或者是服务有着很高的性价比,也是无济于事。

王晓晓从事楼房销售已经有五年的时间了,现在她已经建立了自己的客户网,在公司中也算是一个业务能力很强的销售人员。今年的3月份她因为业绩突出被升职为销售部经理,回想起刚开始从事销售的情景让她感触良多。

"在开始从事这项工作的时候,我相当于什么也不懂,很多时候,客户能够将我问到脸红,对于客户想要了解的,我很多都是说不出来的。在开始的一两个月时间里,我一套房屋也没有卖出去。当然,开始的时候我也很伤心。"王晓晓说道,"干我们这一行,每个月都是有业绩要求的,也就是任务量,当时我是新员工,每个月至少要销售出三套房子,才算是完成了基本的业务量。我知道我必须要达到这个任务量,除了坚守自己的目标,除了更加努力,我别无他法。于是,我开始跟其他的老员工学习,了解一些专业的知识,甚至是消费者的心理。

"在第四个月的时候，我已经能够完成公司要求的业绩量了。当时我很开心，因为我知道公司的房屋质量是有保障的，地段也是比较好的，更何况当时的价钱也算是合理的，房子的性价比是比较高的，面对这么广大的市场和这么好的商品，怎么可能会找不到客户呢？"王晓晓自信地说道，"从那之后，我会在每个月初都给自己设定一个目标，比如说这个月我要卖掉几套房子，我自己的提成要达到多少。这是每个月都要设定的，但是也有遇到困难的时候，毕竟销售的过程中也会受到其他外界因素的影响，例如房价的波动、售楼竞争加大等等。但即便是这样，我也很少改变自己的目标，或者是降低自己的目标。"

王晓晓一直坚守自己的目标，曾经一次，因为自己的工作失误为公司造成了近十万的损失，她当月的奖金全部被扣除，年终奖也被扣除殆尽。当时，她的家人都劝她换份工作，但是她始终没有放弃销售这条道路，因为她坚守着自己的目标。正是由于她的坚守，五年后的今天她得到了更大的回报。

销售人员最重要的素质之一就是懂得坚守，坚守到底才能够获得成功。比如王晓晓，如果不是她的坚守，她不可能走到今天这一步。因为在销售的过程中，必然会遇到一些麻烦事儿，而这些麻烦事儿会影响到销售人员销售目标的达成，就像是暴雨天会影响到城市交通一样。如果能够坚持到底，那么销售工作最终会度过困境，完成设定的目标。

面对挫折，销售经理们要如何坚守自己原定的目标，最终实现销售计划呢？

第一，销售经理不是"救火队"，不要纵容遗留问题的堆积。一般情况下，销售经理的手下都会有几个销售人员，如果遇到了不顺利的事情，那么就要看看是不是销售人员给自己添加了很多的遗留问题。千万不要纵容遗留问题的堆积，如果每天都焦头烂额地不停解决刚发生的问题和前期遗留的问题，必然会消耗更多的精力，即便你有着很好的销售经验，你的精力也是消耗不起的。

第二，目标既然合理，那么就要无条件地相信自己。销售经理千万不要怀疑自己的能力，尤其是遇到困难的时候，千万不要当众质疑自己的目标是否合理或者是怀疑自己是否具有销售的能力。当你怀疑自己能力的时候，你的客户就会怀疑你的产品，这样一来，销售会变得更加困难，你的目标也会更难实现。

第三，虽然你是经理，也不要忽视团队的力量。死守自己的目标没有错，但是千万不要藏着不让别人知道，因为当你遇到困难的时候，或许你的同事能够帮助到你。所以说要相信团队的力量，即便是你的产品很不被关注，也可能成为"畅销"商品。

销售是一门学问，对于销售经理来讲，营销又是一本"心经"。要想参透这本"心经"，就不能轻易放弃，尤其是在遇到挫折之时，更应该努力地坚守自己的信念，在这本营销的"心经"中，坚守目标是关键的一节。只要你是一位销售人员，不管你销售的是什么产品，不管你的产品是大是小，是贵是贱，只要制订了销售目标，并且这一目标十分的合理，那么就值得去坚守。

4.别做表面文章，把潜在客户挨个挖出来

销售人员千万别糊弄自己，不要以为自己只要把表面的东西做漂亮了就可以吸引更多的客户。如果你去糊弄客户，那么也就是在糊弄自己。对于销售人员来讲，产品的客户层分为两种，一种是现有客户，而另一种则是潜在客户。

销售经理们都希望自己的产品能够"畅销"，恨不得全世界的人都来买自己的产品。但是你又是否了解你的客户呢？有的销售人员会在卖出一件商品之后就感觉十分喜悦，甚至不会多想什么，他们只是将自己的目光停留在这次推销上面，根本不会深层地去发现和挖掘。

潜在的客户群是很重要的资源之一，如果销售人员能够将潜在的客户通过各种方式挖掘出来，那么最终会发现，自己的产品具有更大的影响力。作为销售人员，如果能够扩大商品的市场，那么何乐而不为呢？

销售需要的是不断挖掘，如果没有这种挖掘和探索的精神，那么产品的市场不仅不会扩大，反而会缩小。如果商品赖以生存的市场发生了萎缩，就像是荷花离开了池塘，那么最终还怎么可能销售成功呢？当然，要想扩大产品存活的市场必然要发现新客户，而这些新客户也就是你的潜在客户。

王丽萍作为杂志社市场部的销售主任已经有三年的时间了，在这三年的时

间里，杂志的销量有了很大的提高。当然，杂志的市场也在不断地扩大。可是就在三年前，她刚刚接手这一摊子的时候，当时的杂志社是接近倒闭状态。

王丽萍说："在三年前刚刚接手销售这块工作的时候，这家杂志的客户群很少。因为这种杂志是倾向于政治类的，本来阅读的人就很少，再加上杂志社销售方面的不到位，只在固定的几家单位有包年的订阅，比如说省图书馆之类的大单位根本都没有这本杂志。我看了看每期杂志的内容，内容编排得都很好。当时我心想，为什么会这样呢？"王丽萍继续说道，"当时的销售人员似乎觉得有这几家企业包年订阅，再加上他们每期的销售量达到了5000本，这样的成绩已经很不错了。但是我想的是，这么大的城市，人口数十万，每期就卖出几千本，这不是太可笑了吗？"

面对这样的情况，王丽萍决定加大销售的力度："我要求销售人员都去挖掘潜在的客户。因为杂志是侧重政治方面的，里面还有经济的内容，那么在这座城市中稍微大一点的企业的管理人员都应该阅读这本杂志，并且，这本杂志应该也是那些五六十岁老人的读物。就这样先确定了潜在的客户群，然后就是宣传与销售的展开工作了。"

王丽萍发现了潜在的客户群，然后制订了一系列的销售计划，三年的时间，这本杂志已经成为这座城市中很重要的读物，也成为很多人每期都会购买的杂志。

王丽萍之所以能够让杂志社有更大的发展，最重要的原因就是她弄明白了怎样扩大杂志的销售量。不管是哪种产品，只要能够挖掘出所有的潜在客户，那么必然会带动产品的促销，为企业带来更大的利润。作为一个销售经理，不仅仅要想办法留住已有的客户，更重要的是挖掘新客户。只有新客户被挖掘出来了，新鲜的血液才会注入到销售活动中。

那么，要想扩大产品的销售量，就要懂得挖掘潜在客户的手段和方法。

第一，地毯式搜索的办法。所谓地毯式搜索就是在与老客户进行销售的过程中，必然会引来潜在客户的注意，这个时候对那些关注本产品的人都要进行搜索和挖掘。只要能够得到他们的信息，或者是有他们的资料，就要加以追踪，不要放弃任何线索，更不要觉得这是在浪费时间。销售人员往往在追踪的过程中会发现更多新的客户，从而将这些潜藏在表皮之下的客户都挖掘出来。

第二，利用老客户挖掘新客户。老客户是企业稳定收入的主要来源，也是企业发展的基石。你可以通过与老客户的关系发展新客户，比如说老客户的客户、老客户的朋友甚至是老客户的亲人，都可能成为你的潜在客户，如果你能够利用好与老客户的关系，那么也可能将这些人发展成新客户。销售经理应该利用好老客户的关系网，发展他们身边的客户群。

第三，利用"中心开花"的方法。这种方法的内涵就是在某一特定的区域内用心去挑选一些有影响力的人物，促使这些人成为你所销售产品或服务的消费者，并尽可能地发展与他们的关系，取得他们的帮助或协作。因为你所选择的是一些有影响力的人物，即那些因其地位、职务、成就或人格而对周围的人产生一定影响的人。这些人往往具有正面的形象，因此具有很强的说服力，他们的影响能够辐射到四面八方，对广大潜在的客户具有一定的示范效应，这样就使你所销售的产品更加容易赢得那些潜在客户的注意和信赖。

新客户的加入，当然会为企业注入新的血液，销售经理要在不断挖掘新客户的同时为这些潜在客户提供更好的产品和服务，千万不要只是将自己的客户群局限在狭小的空间内，更不要只是定位在那几个老客户身上。表面的黄金已经被采集干净了，就要学着去挖掘深层的含金矿石，这样提炼出来的黄金也才是最昂贵的。将潜在客户一个个挖掘出来，这样你会发现你的销售更有成效。

5.抓住"领头羊"，后面跟着的羊群还会远吗？

每个行业都有每个行业的"领头羊"企业，这些"领头羊"企业都有着雄厚的资产、响亮的名气、广大的客户群。而在商场上，这些不同企业的"领头羊"产业彼此之间往往也都有联系，销售人员如果能够将自己的产品或服务卖给行业的"领头羊"，那么后面的"羊群"还怕不会扩大吗？

销售经理要攻克这些"领头羊"，往往不是一件容易的事儿，这就要靠销售人员的本领了。但是对于企业来讲，扩大产品的销售范围往往是他们的愿望，而具有很高地位的人也是需要一些新的产品和服务的。因此，销售人员就应该勇敢地向这些具有显赫地位或者是行业精英们宣传自己的产品，推荐自己的服务，最终自然会吸引更多跟随者。

向这些有影响力的企业或者人物推荐自己的产品到底有什么好处呢？这里的好处当然不只是指销售了产品这个行为本身，更重要的是能够通过这个行为来增加其他客户对自己产品的信任。当很多小客户或者潜在客户看到你的产品或者服务被一些有影响力的人购买之后，他们内心会产生一种信赖感，这就能够激发他们主动地去购买你所要销售的产品和服务。

"领头羊"效应不仅仅对扩大销售范围有一定的帮助，对增强客户的消费信心更是有很重要的推动作用。比如，当一位年轻的女士看到某个明星在使用一款新的化妆品的时候，这位女士会想"这个明星的皮肤这么好，原来是用了这款新的化妆品的缘故啊"，这位女士可能会在第二天就将这件化妆品买回家。可想而知，"领头羊"的作用和影响力是多么的大啊。

李鹏飞是一家饮水机生产企业的销售部经理，他所在的企业已经成立四年了，但是因为销售的原因，产品一直没有打开市场。当然，企业的发展也受到了影响。李鹏飞发现自己企业生产的饮水机不仅质量可靠，更重要的是占地面积小，外观也漂亮，但价格要比其他的饮水机高一些，而价格的原因就导致饮水机的销量一直不好。

一次，李鹏飞和一个在政府部门工作的同学吃饭时，偶然听到那位同学说，现在他所在的部门正在重新建设，以前的办公地点太小了，新址在市中心部位，新建的办公大楼也要重新装修和购买办公用品。

李鹏飞意识到同学话中的商机，心想如果是购买新的办公用品，那么一定会给每个部门都配备新的饮水机。李鹏飞向同学询问是不是要重新购买饮水机，同学立即知道了李鹏飞的想法。

几天之后，同学告诉他说："我问过领导了，这次采购包括饮水机，但是还没确定从哪里购买。"李鹏飞听到这一消息，心中窃喜，他回到企业，将这一消息告诉了自己的老板，并且说道："如果政府部门购买了咱们的饮水机，那么我们在做宣传的时候就更加有力度了。同时，其他的企业单位看到政府部门都用我们的产品，可想而知质量肯定过关，他们怎么可能不来购买我们的产品呢？"

冠军销售员都懂的成交心理学

李鹏飞的领导听了这话很高兴，将这件事情全权交给李鹏飞去办理。

李鹏飞又找到了自己的同学，然后通过同学的引荐认识了负责采购的人员。经过采购人员的实地考察之后，他们被李鹏飞企业的饮水机的款式和质量所吸引，一次性地购买了100台，要知道这次机会对李鹏飞的企业来讲是多么的重要啊。

在这件事情过去后两个月，很多其他单位和公司都来电话订购他们企业生产的饮水机，多的上百台，少的几台。就这样，李鹏飞所在企业的饮水机在市场上占领了一席之地。更为重要的是，这次抓"领头羊"的销售战略让李鹏飞的事业更进了一步。

俗话说得好："擒贼先擒王。"销售也是如此，要想让自己的产品被更多的人关注和认可，那么就要抓住那些有影响力的消费者，就如同李鹏飞抓住了政府机关采购这次机会一样。正是因为政府机关对他的产品的肯定和购买，才迎来了他所在企业的再一次发展。作为一个企业的销售经理，在想着怎么样扩大消费人群的同时，也要考虑到公司的发展，同时，学会抓住机遇，促进销售实现成功。

销售经理既然明白了"领头羊"效应的重要性，那么要怎样抓住"领头羊"呢？

第一，在不确定性中找到确定性。在茫茫的商海中，不管是哪种销售方法都会存在一定的不确定性，这些不确定性往往是由外界因素影响造成的。所以不管你销售的是什么样的产品，都要从自己的产品中找到确定因素，最好是你所找到的确定因素与你选择的"领头羊"有一定的共性，这样销售起来也会变得相对简单一些。

第二，产品的性价比是关键。作为销售经理，如果自己的产品没有合格的质量或者是性价比不高，那么自然不会受到别人的认可，更何况是要销售给那些有影响力的"领头羊"企业？所以说，要提高产品的性价比，只有质量够硬，才有可能得到那些重要人物和企业的认可，这一点是最根本的因素。

第三，利用人脉关系来接近对方也可行。如果作为企业的销售人员，拥有这样的人际关系横跨在你与对方之间，那么何不去利用一下呢？利用这种关系拉近与那些有影响力的人的距离，这样销售起来会容易一些。

销售抓住了"领头羊"，后面自然会跟随更大的"羊群"。销售人员将自己的目标首先设定在那些具有影响力的人身上，如果销售一旦成功，影响力会瞬间扩大，从而增大产品的价值，对扩大客户群也起到很直接的作用。

6.确定客户群落，再去想接近群落的策略

企业要讲定位，销售员同样需要确定自己的客户群，要知道自己的方向在哪里。一旦确定了自己的客户群，再寻求接近客户的策略，可先从一个方向出发，找到适合自己的路子，然后再从另外的方向走或者干脆就走自己的路，开拓一个独特的思路。

销售员该怎么找到自己的客户群呢？对于新销售员，网上找客户是开始的最好选择。先在网上通过搜索客户的资料，由于你已经掌握了你产品的知识，明

白哪些人是你的客户群落，因此哪怕是通过电话联系客户对你也不是难事。

除了网上找客户外，销售员也可以通过专业的杂志去找客户。现在行业杂志都比较普及，这类杂志上的客户都比较实用，通常来讲只要出现在杂志上的公司都是存在的，这一类的杂志行业分类比较清楚，容易找到属于你的客户群。

小李所在的公司是做电子材料的，现在销售员对大中小客户都在开发，感觉效果不怎么好。小李发现，目前大中小客户对质量要求不甚相同，程序烦琐程度也不一样，质量能完全满足客户需求，大客户难跑些，主要是账期较长，中小型客户做起来都差不多，小客户对价格特别敏感，所以稳定性特别差，做不了多久就丢了，中等客户还比较好，相对稳定。他所疑惑的是，他们的销售方向不很清晰，客户群也不好确定。

但随着确定客户群步伐的加快，企业经营步入了正轨。起初，他们在行业中是很弱小的，所以目标客户就是小企业；随着发展壮大，后来开始做中型企业，再到大企业以及少数政府和电力、金融等行业客户。最终该公司发展到500多人，完全转型到中高端市场，集中精力做政府、行业和大企业了。

不可否认的是，销售必须确定客户群体！世界上几乎没有一家公司可以将所有客户群体都作为销售对象的，而必定是有选择性的。何况该案例中小李所在的公司似乎并不是跨国型的公司，更需要确定合适的客户群体，集中资源去做这些客户。不管什么行业，只要客户的层次不同，其需求就肯定不同。所以，做销售工作一定要有清晰的目标客户定位，定位的依据就是客户需求、自身实力。

一旦确定了自己的客户群落，就需要制订接近客户群落的策略了。前文所讲都是销售员如何找客户，但业务工作开始后，找客户就不需要那些方法了，因为业务工作到最后都是客户来找你而不是你去找客户了。当你开始从事销售工作时，都离不开去拜访客户，那么在拜访客户中怎样去发掘并培养你的客户呢？

不少销售员去拜访客户都会把重点放在客户上，认为去拜访客户才是自己要做的事，但实际上不是这样。你前去拜访的客户只是你的潜在客户，成功与否取决于你的个人表现能力，这样的客户你最好不要那么关心他。那么你去拜访客户该做些什么呢？每次去拜访客户最好是去认识那些坐在等候室里和你一起等候接见的销售员。

为什么这么说呢？因为认识那些人才是你去拜访客户的目的。那些人手里有你要做的真正客户，而他们都是已经开始合作并了解客户底细的人。只要他们愿意把资源介绍给你，那么你还怕没有客户做吗？每个工厂或公司的产品在生产过程中都要采购很多材料，这些材料都是通过采购员从销售这些材料的销售员手中买回来的。生产这些材料的公司何其多你应该很明白，只要你有诚意去结交那些销售员，没有人不愿意和你做朋友，当你拿出自己的联系本和他们交换客户时他们也很乐意。他们不但要把客户介绍给你，还会向他们的客户推荐你和你的产品，当然你也要同样去做，这样你的客户就会自动来找你了！

归根结底，接近你的客户群落就是一个积攒人脉的过程，你的关系网越大，那么你的销售做起来就会越轻松。在你经历了上面的步骤后，你找客户的方向应该从客户那里转移到和那些销售员做好关系上了。没事你就往他们的公司跑，和他们聊天交换客户，只要你有技巧和诚心，总是会有好的客户给你做，在交换的过程中你的客户也会多起来。因为你可以把从A那里交换到的客户去和B交换，再把从A、B那里交换到的客户去和C交换，你的客户群就会像滚雪球一样越滚越大了。

7.想见高端客户，就别懈怠了能接近他的人

有些销售员只顾向一位客户营销，而忽视了客户的家人及朋友，很多时候往往是客户身边的人才有购买产品的真正想法。由于忽视了客户身边的家人，还易引起对方的不满，"赔了夫人又折兵"，可谓祸不单行。

在销售过程中，销售员不要眼睛只盯着客户一个人，必须注意自己的销售过程中在场的每一个人，必须养成重视销售过程中遇见的每一个人的好习惯。这些人包括客户身边的人，还有他的家人、朋友和亲戚等。你要对这些人给予足够的尊重，很可能他们就是客户背后决定购买、对你洽谈的对象产生影响的关键人物。即便那个人没有丝毫决定权，也能够在决策人面前为你说几句好话。如果你能坚持做到这一点，那么你的业绩一定会直线提升。

不要怠慢能够接近客户的人，包括重视客户的孩子、配偶甚至亲朋好友。销售员可以通过客户的孩子把自己的积极态度传递给其购买决策人，从而激起客户的购买意愿。有人说过："我非常赞成不时地为客户或客户的孩子帮一点忙，同时认为在销售活动中，这是一个被人们普遍忽略了的手段。在合作关系中，间接地把客户的孩子包括进来，就会给孩子留下深刻的印象。被人记住，被人欣赏，从长远的利益来看，通常能得到好的报答。"

在森林之中，进贡给狮子物品是天经地义的事情，只要谁敢说"不"，那么它的家族都要遭受灭顶之灾。

然而狼却独有一套，它每次上贡的物品最少，得到的表扬却最多。羊进贡最多却屡屡受罚。羊有点想不通，就去问狼什么原因。

狼阴笑道："这一切你去问狮子的参谋狐狸就知道了，因为每次我进贡之前都先送一只鸡给它，它就每次都在狮子面前说我的好话，而你每次进贡时都没给狐狸带一点东西，它就在狮子面前说你的坏话。"这则寓言故事充分说明了，懈怠客户身边的人等于是给自己的销售工作制造障碍，而一旦重视起他们来，你的销售工作就能够顺风顺水。

有个日本人辞职去美国做生意。他穿上日本传统服装，来到纽约，打着"东洋神秘"的招牌，到处为人看相算卦，以此糊口。然而他在纽约总是见不到任何一家公司的总经理，因为他每次都被秘书小姐拦住。

"事先打招呼了吗？"

"没有。"

"没有预约不能见总经理。"

每次都这样被拒绝。他绞尽脑汁，思索讨好秘书小姐的方法。因为如果再不成功，他的生活就将成问题。

这一天他又被秘书小姐拒绝了，可是他并不灰心。

"小姐，我给你带来了东方的神秘，我可以立刻算出你的烦恼，我今天免费为你看相。我想你现在正为男友而烦恼是不是……"

就这么一句话，使秘书小姐大为惊异，立刻对这位知晓她命运的人肃然起敬，心情也随之好多了。

"哦！请等一下。"说着，她便马上告知总经理，给了他面谈的机会。

事后别人问他怎么知道那位小姐的苦恼，他笑着说："像她这个老小姐样子，八九不离十，怎么会不为异性烦恼呢？"

重视客户身边的人，就更容易叩开成功的大门。给各公司的秘书小姐送去好心情，往往能带来意想不到的推销效果。一般来说，经理的秘书都是女性，这就需要销售员了解女性的弱点，懂得讨好女性的方法，为秘书小姐送上一片好心情，她们也会乐于帮助你。

另一位推销人员也有一绝。总经理在不在？秘书小姐说"在"就好办，假如说"不在"，不论对方是不是在撒谎，他都长叹一声："真不巧。吃一片口香糖吧！这种口香糖可以润喉、清嗓，使人的声音更甜美。"聊了一会儿，他就留下一包口香糖离去。这样一来自然会引起秘书小姐的好感。向秘书小姐施小恩小惠，既实际，又不失礼，还能解决问题，这是一流推销高手的共识。

销售员要接近秘书联系到客户，一定要知道接近她的一些技巧。

一、了解女性的弱点

一般来说，很多女人比男人忠于职守，安分守己，坚守岗位，而且听话，你叫她做什么她就做什么，适合做秘书工作。但女人的心思却非常不稳定，情绪变化莫测，易怒，易忧，多愁善感，更容易受到诱惑，容易相信别人而受骗上当，一点小恩小惠就能让其"变节"。这是女人本性的弱点。掌握这一点对销售工作十分有益。

二、讨好秘书方法多

只要掌握了秘书的弱点，那么接近秘书是不难的，比如你别出心裁做出一个出人意料的举动，做了别人做不到的事情，言语击中要害，就很容易得到她的信服和倾倒。一旦对你产生好感，她就会忘了上司的吩咐，甘心为你做出违抗命令的事。

重视并接近客户身边的人，这样的技巧有很多，但终归一点就是，在现实生活中，参谋有时比决策者还重要，他们是万万得罪不得的。

第二章
面对面的交谈，真诚与微笑绝对不能少

　　人与人之间的交往，是从交谈开始的，交谈同样是销售员与客户交朋友、拉近距离、在思想上沟通的有效手段。许多事情就是在不经意的闲谈中找出双方的共同点，在思想上和心理上产生一种共鸣，达成一种共识，从而获得客户的认同，使你和他人之间建立起良好的关系。很多时候，借助于面对面的交谈，可以让两个毫不相干的陌生人交上朋友，销售工作就轻而易举地完成了。

1.问好是一门多彩的艺术

在与客户交往的时候要注意沟通，问好就是一个很好的手段，只要运用得恰当、有技巧，就能达到很好的效果。你销售的目的性不能在与客户的交流中表现得太过明显。要把潜在客户变为真正的客户，就要打消客户的顾虑，而经常拜访客户，和客户保持联系是打消客户顾虑最好的方法，这是优秀销售员给我们的忠告。

问好是一门多彩的艺术，问好打招呼是人们日常交际中最常用的礼节之一，一声小小的招呼，能拉近双方之间的距离。回想一下，当有人主动向你打招呼的时候，你是不是觉得挺高兴呢？因为你感受到了对方对你的尊重和关怀。同样，当你主动向他人问好打招呼的时候，对方也会有相似的感受。所以，假如你想在销售行业中做出成就，让自己更受欢迎，就要主动向别人问好，而不是被动等待。

主动问好最能感化他人的心灵，在对待客户的时候尤为重要，在销售过程中待人接物更要始终保持主动。主动会使人感到亲切、自然，从而缩短与对方的感情距离，同你一起创造出良好的交流思想、情感的环境。反之，如果在和客户交往的时候，又表现出那种爱理不理的态度，那么客户又如何能够信赖和喜欢你呢？又怎样有兴趣听你讲下去呢？

问好只是一种独特的语言表达方式，打招呼的意义只在于说话本身而不在于说的是什么话。美国人的"hi"最能说明这个问题，它只是一个声音而没有含义。我国传统的招呼语除了"吃"的话题外，销售员常用的还可以有工作忙否、身体状况之类。

　　当进行销售活动时，主动与人打招呼，显然他们都会欣然接受，而不会拒你于千里之外。也唯有如此，你才能在销售行业中有广阔的发展空间。

　　乔·吉拉德最喜欢送给客户尤其是潜在客户的礼物是贺卡。对于每个客户，他每年大约要寄上12封广告信函，每次均以不同的色彩和形式投递，并且在信封上尽量避免使用与他的行业相关的名称。

　　1月份，他的信函是一幅精美的喜庆气氛图案，同时配以几个大字"恭贺新禧"，下面是一个简单的署名："雪佛兰轿车，乔·吉拉德上。"此外，再无多余的话。即使遇上大拍卖期间，他也绝口不提自己的买卖。

　　2月份，信函上写的是："请你享受快乐的情人节。"下面仍是简短的签名。

　　3月份，信函上写的是："祝你圣巴特利库节快乐！"圣巴特利库节是爱尔兰人的节日。也许你是波兰人，或是捷克人，但这无关紧要，关键的是他不忘向你表示祝愿。

　　然后是4月、5月、6月……

　　不要小看这几张印刷品，它们所起的作用并不小。不少客户一到节日往往会问夫人："过节有没有人来信？"

　　"乔·吉拉德又寄来一张卡片！"

　　这样一来，每年中就有12次机会，使乔·吉拉德的名字在愉悦的气氛中来到这个家庭。乔·吉拉德没说一句："请你们买我的汽车吧！"但这种"不说之语"，不讲推销的推销，反而给人们留下了最深刻、最美好的印象，等到他们打算买汽车的时候，往往第一个想到的就是乔·吉拉德。

就是这些用心寄出的贺卡，帮助乔·吉拉德赢得了这样的职业荣誉，连续15年成为世界上售出新汽车最多的人。

销售之神乔·吉拉德的成功之处就在于，他经常性地向他的新老客户问好，在客户心目中留下了深刻的印象，一旦客户有需要就会想起他。销售员与客户沟通时要态度诚恳、神情专注，没有特别的情况不去做其他与沟通无关的事情。但不要目的性太强，否则会影响你的销售效果。

销售员在向客户问好的时候，要注意沟通时的礼仪保持适当的距离，不要有太多的肢体动作或者不恰当的行为。可以用开场白、寒暄、客套话营造一个良好的氛围。沟通时注意对不同的人和场合、目的、内容使用不同的沟通方法。

销售员与客户保持定期联系要有计划性。如果客户不是经常购买，销售员可进行季节性访问。在定期拜访前要做好路线计划，以便能够在访问老客户的途中顺便访问那些不经常购买的客户。

问好是一门多彩的艺术，销售员平时与客户多联络，彼此的友谊才会更长久。每一个客户都是你的知己，应该保持联络，增进沟通，不要在业务谈完之后就把客户忘记了，等到有需要时再去找别人，那么客户肯定不愿意与你再合作了，因为他们会觉得你是一个薄情寡义的人。你应该不定期或定期地与客户联络和交流，例如以电话问候、一起喝喝茶或其他一类的活动。一般关于问候和联系的内容及时间是根据你平时对该客户的了解而定的，包括客户的工作安排情况、爱好兴趣等。如果你能做到这一点，未来的销售之路就会越走越顺畅。

2.强卖绝对不可取

　　在销售的过程中，强卖绝对不可取，你的语势逼人只会让客户反感，只有在和谐的氛围中才能取得好的结果。在沟通中，销售员要对客户表示出足够的理解和尊重，消除客户的抵触和怀疑情绪，让彼此的情感升级，从陌生人变成朋友，这样彼此才会更加顺利地完成签单。

　　谁都不希望被强迫消费，同样，对产品熟悉的客户不会接受销售员的强迫推销，他们常常已经认定了某种产品和价格。相信有丰富经验的销售人员都有这种感觉，一进门直接问有没有哪种产品，甚至连这种产品的型号都可以轻松报出来的客户，往往是最不好"对付"的。因为这些举动意味着他们在前来购买商品之前已经做了充分的准备。类似产品的比较，对产品价格的调查……这种生意很好做，只要你有产品就能成交。但对于某些想借助转移客户注意力，"忽悠"他们购买高利润产品的销售员来说就很困难了。

　　与这类客户相反，拿着宣传单比来比去的客户就显得很没有准备，也直接反映出他们的心态：犹豫不决。这时候，这类客户更需要的是专业人士的专业支持。或者换句话说，他们需要销售员帮助他们下决心拿主意，这对销售人员来说正是一个推销的好机会。当然，为了以后长久合作，强迫和蒙骗客户是不对的。但运用自己的小小主导权，实现双方最满意的合作还是很有可能的。不过引导的过程中不能有强迫购买的意思，否则你的销售就会功亏一篑。

　　有一位犹太人叫布拉德利，最初向客户推销保险时，一见到客户便向他们介绍保险的好处，同时还向对方大讲现代人不懂保险会带来什么不利。最后他会说："最好你也买一份保险。"可是，一个月下来，他却没有得到一份保险业务。后来经过仔细思考，他改变了策略，不再对客户夸夸其谈，而是换了一种交谈的方式。

　　"您好！我是国民第一保险公司的推销员。"布拉德利说。

　　"哦，推销保险的。"客户应道。

　　"您误会了，我的任务是宣传保险，如果您有兴趣的话，我可以义务为您介绍一些保险知识。"布拉德利说。

　　"是这样啊，请进。"客户说。

　　布拉德利初战告捷。在接下来的谈话中，他像是唠家常一样，向客户详细介绍了有关保险的各种知识，并将参加保险的利益以及买保险的手续有机地穿插在介绍中。

　　最后，布拉德利说："希望通过我的介绍能让您对保险有所了解，如果您还有什么不明白的地方，请随时与我联系。"说着布拉德利就递上了自己的名片，直到告辞也只字未提动员对方买他的保险的话。但是到了第二天，客户便主动给布拉德利打电话，请他帮忙买一份保险。

　　布拉德利成功了，一个月卖出的保险单最多时达150份。

　　"强迫"销售只能让你的销售迅速灭亡，而积极的询问引导则会让你快速地签单。销售活动说到底就是建立人与人之间的关系，而销售人员同客户之间的关系并不是有些人想象的那样是对立的。只要把握好，两者应该是双赢、互利的关系。因此在销售的过程中，销售人员要学会像对待朋友那样对待客户，从长远发展的角度考虑，让双方的关系更加融洽。

让客户跟着我们的思路走，提问是有效的方法。借助直接性提问发现客户的需求与要求时，往往导致客户会产生抗拒而不是坦诚相告。所以，提问一定要以有技巧、不伤害客户感情为原则。销售员可以提出几个经过精心选择的问题有礼貌地询问客户，再加上有技巧地介绍产品和对客户进行赞美，以引导客户充分表达他们自身的真实想法。在询问时有以下三个原则要遵循。

一、不可单方面地一味询问

经验不多的销售员常常犯一个错误，就是过多地询问客户一些不太重要的问题或是接连不断地提问题，让客户有种"强迫购买""被调查"的不良感觉，从而对销售员产生反感而不配合销售工作。

二、询问与产品提示要穿插进行

因为"产品提示"和"询问"就好像是自行车上的两个轮子，共同推动着销售工作，销售员可以运用这种方式循序渐进地往下探寻，就肯定能掌握客户的真正需求。

三、询问引导要循序渐进

销售员可以从比较简单的问题着手，比如"请问你买这种药是给谁用的"或"你想买瓶装的还是盒装的"，然后通过客户的表情和回答来观察判断是否需要再有选择地提一些深入的问题，就像上面的举例一样，逐渐地从一般性讨论缩小到购买核心，问到较敏感的问题时销售员可以稍微移开视线并轻松自如地观察客户的表现与反应。

强买不可取，但销售员可以"智取"。在很多销售员的印象里，与客户谈生意就是为了赚钱，因此不必考虑太多，因为有时可能为一点点利益而拼得你死我活，这是极不明智的做法，因为相互争斗不仅会伤了和气，还会导致两败俱伤，不仅做不成生意，甚至还会结仇。而友好的商谈则可以让双方免除"强迫购买"的不良影响，在和谐的气氛中构建良好的合作关系。

3.学会吸引客户的交谈技巧

在拜访客户的时候，学会吸引客户的交谈技巧，可以使我们与客户交谈融洽，效率提高。销售人员的推销工作通常是以各种商谈的形式来进行的，如果客户对销售人员的话题不感兴趣，那么，双方之间的会谈也就变得索然无味，更难以达到预期的效果了。

销售人员要想迅速地接近客户，与客户建立良好的人际关系，就要学会吸引客户的交谈技巧，尽早找出双方共同感兴趣的话题，要在拜访之前先收集信息与资料，特别是在第一次拜访时，拜访前的准备工作一定要做充分。

首次拜访客户时，销售员要有共鸣才能深入地交流。学会恰当的询问是必不可少的，销售人员在不断的发问中能相对容易地发现客户的兴趣所在。多培养兴趣爱好，多积累各方面的知识，至少应该培养一些比较符合大众口味的兴趣，比如体育运动、积极的娱乐方式等，这样才能保证在与客户的沟通中不至于无话可说。

吸引客户的交谈技巧最重要的就是找到双方共同的兴趣和爱好，这样销售员和客户之间就很容易谈得来，而且可以很快成为朋友，拉近彼此间的心理距离。提前关注客户的喜好，然后从他们感兴趣的话题出发，有意识地将话题引到销售沟通的主题上来，推销会比较容易成功。

培养跟客户打成一片的交谈技巧，平时销售员就应培养自己多方面的爱好和兴趣，也可以根据客户的喜好临时学习某些知识，不打无准备之仗。例如，当看到对方的阳台上有很多盆栽，你就可以问："你对盆栽很感兴趣吧？近日花市正在举办花展，不知道你去看过没有？"当你看到客户的高尔夫球具、溜冰鞋、钓竿、围棋或象棋等，同样都可以拿来作为话题。当然，天气、季节和新闻也都是很好的话题，但是如果对方对此反应冷淡，那么很容易会陷入尴尬的沉默状态。所以，这就要求销售人员平时注意积累，有广泛的知识面，以应对各种各样的客户。

找那些可以吸引客户的话题，可以让双方的会谈气氛较为缓和，接着再进入主题，效果往往会比一开始就立刻进入主题要好得多。

某个销售员到一家公司去推销复印机，费了好大的劲儿才见到经理，经理爱理不理地答道："我暂时不需要复印机，谢谢你。"说完就埋着头摆弄手里的鱼竿。

这位销售员看到经理专心摆弄鱼竿的样子，猜测他一定很喜欢钓鱼，于是问道："王经理，这是富士竿吧？"

"唔，是啊，我新买的。怎么，你也懂钓鱼？"

"啊，钓过。"

"哎，钓鱼也有学问，可不是谁都能掌握的。你说说看，钓鱼有哪些技巧？"

两人越谈越投机，经理好像遇到了知音，十分开心。这位销售员也在双方融洽、愉快的交谈中促成了生意。

这位聪明的销售员掌握了吸引客户的交谈技巧，从而打破僵局促成了销售。所以说，销售员只要发现与客户有共同的兴趣和爱好，找到共同的话题，就能和客户谈得来，甚至可以很快地成为朋友，这样就不怕销售不成功了。

那么，销售员怎样交谈才能吸引客户呢？一位知名的谈判专家分享他成功的谈判经验时说道："我在各个国际商谈场合中，时常会以'我觉得'（说出自己的感受）、'我希望'（说出自己的要求或期望）为开端，结果常会令人极为满意。"其实，这种行为就是直言不讳地告诉对方我们的要求与感受，若能有效地直接告诉你所想要沟通的对象，将会有效帮助我们建立良好的人际关系。但要切记"三不谈"：时间不恰当不谈；气氛不恰当不谈；对象不恰当不谈。

销售员要多用询问与倾听，这样做是为了让自己不要因维护权力而侵犯客户。尤其是在对方行为退缩、默不作声或欲言又止的时候，可用询问行为引出对方真正的想法，了解对方的立场以及对方的需求、愿望、意见与感受。并且运用积极倾听的方式，来诱导对方发表意见，进而对自己产生好感。一位优秀的沟通好手，绝对善于询问和积极倾听他人的意见与感受。

要想成为优秀的销售员，沟通能力的锻炼必不可少。一个人的成功，20%靠专业知识，40%靠人际关系，另外40%需要观察力的帮助，因此为了提升我们个人的竞争力，获得成功，就必须不断地运用有效的沟通方式和技巧，随时有效地与"人"接触沟通，只有这样，才有可能使你事业成功。

销售员学会"见人说人话，见鬼说鬼话"，不是要做"变色龙""墙头草"，而是出于与客户进行良好沟通、满足客户心理需求的需要。"说对话"是发展客户关系的关键。"说对话"是指销售员在和客户日常交往及销售过程中恰到好处地运用语言技巧，准确、巧妙地表达自己的意思，说客户需要听、喜欢听的话，说有助于与客户搞好关系、能促使销售顺利成功的话。与客户交流时，销售员要注意管好自己的嘴，用好自己的嘴，运用恰当的语言技巧把该说的话说好，说到客户心坎儿上。

4.带上商品，让他亲身体验一把

当你去拜访客户的时候，除了携带产品资料，如果所销售的商品便于携带，为何不顺便带着让客户体验一把呢？创造客户体验，就是打开销售之路的敲门砖，有了客户几分钟的现场感受，会比你说几百句产生的效果都大。

优秀的销售员除了自身的销售素养比较高以外，注重"客户体验"也是其成功的重要因素。他们不愿用"客户至上"或"客户是上帝"之类的字眼，因为他们觉得用"客户体验"这个词语更可以概括销售所应达到的境界。销售员是企业的窗口，可以从客户的体验中了解客户需求，提高服务质量。企业也可以借助客户端的反馈信息，指导产品研发，并制订市场策略，从而获得更大的销售。

让客户体验商品，销售员首先需要了解客户的业务状况、发展前景、采购流程，明白客户最关心的环节。销售员不会这样询问客户："您需要什么？"取而代之的是："您单位现在的系统架构是怎样的？一至两年后业务扩展能力有多大？用于设备采购的预算大致是多少？……"尽量了解更多的客户信息，才能有针对性地开展销售。

客户体验不仅要了解客户需求，还要为客户创造需求，傅强在《到月球上卖空气》一文中说道："要创造一个需求，也就是说，要让你的客户觉得大家都在地球上待着没劲，想要与众不同，想要出类拔萃，就得上月球。这样做的结果是把客户引到你的利润区域中来。"

销售员假如不想让自己的工作如同接线生或报价机器，那么客户体验这一点是提升自身价值，提高营业额和利润的杀手锏。

新世纪初，戴尔公司首次在业界推出笔记本电脑三年人为损坏免费更换业务，即在采购机器时支付很小的一笔费用，那么在此后三年的保修期内，如果有任何人为物理损坏，戴尔公司都将免费上门维修。如一时无法修复，戴尔公司将提供配置相当的备用机。刚开始，有人担心客户不愿意支付这笔额外费用，但是聪明的电话销售代表将它作为一个新卖点和敲门砖来全力推广，最终不但赢来了更多利润和奖金，也带来了更多新用户。

有些客户对同一类的商品认知度较低，但他们能够从完美的商品体验中获得最优的服务信息，上述案例中的戴尔电脑就很好地为客户做到了这一点，从而扩大了销售。顾客这种由认识商品、体验商品、思考商品到最终付诸行动购买的过程，其实正是我们做销售员要把握的产品介绍、体验销售、引发思考以及激发购买的过程。

而最终影响顾客做出购买决定的是销售密码，这个销售密码就像是打开顾客心灵的钥匙，就像久旱逢甘霖，体现的的是"成交"这个关键词，是能体悟顾客的内心想法，然后提出解决方案。

而这种因为价格原因所表现出的成交念头，就可以理解为初级价格销售成交密码。但凡掌握此销售原理的销售人员都会抓住这个时机尽量促成交易。

即使没有让价的空间，如果是训练有素的销售人员，也会婉转地说服顾客购买。

比如："先生，这款手机的确很适合您，看得出您也很有诚意购买。实话给您说吧，这款手机刚上市可不是这个价格，比现在至少要高两百多元。您现在买已经是非常超值了，我也很想交您这样明智又有眼光的朋友。所以价格您尽管放心，这已经是最低价了。"说完之后，只需要将手机递给顾客，静静地让顾客考虑就可以了。此类成交的概率可以达到85％以上。

产品体验极大地促成了销售，一个好的品牌一定要有好的产品口碑，产品体验也是十分需要重视的。那么怎么才能快速地提高自己的产品体验呢？以化妆品为例，销售员需要做到：

一、形象清晰

好的产品需要特定的形象，不管是美还是丑，都需要统一的、清晰的产品形象。用精致的、贴心的外盒去包装，选择合适的瓶器等等，可以让产品看起来思路清晰。

二、附加值强

产品的附加值能够提升产品本身，也能够提高产品的形象。很多卖家早已不惜血本，在产品销售的同时还配送很多礼物，如产品、中样、小样、试用装、手册、杂志、信件、饰品、包邮卡等等。这里需要提醒的是，我们不仅要送客户需要的，更要送有自己特色的。

三、产品颜色

一个有着通透、鲜亮色彩的它的产品，视觉效果会更强，化妆品尤为如此。

增强客户体验不是一朝一夕就能做好的事情，销售员需要在日常加强自身的素养，充分了解产品信息客户的需求，让客户自己感受商品，才能让客户体验很好地为销售服务。

5.你的微笑照样能吸引他的眼球

销售员的微笑是打开客户购买大门的钥匙，微笑能建立信任，让客户更加喜欢你。让我们的服务从微笑开始吧，微笑将传达你对客户的亲切与尊重，可以瞬间拉近双方的心理距离，更好地服务于客户。

微笑能建立信任，能让客户更加喜欢你。纵观历史，在任何时代，任何地区，任何民族中，微笑都是表示友好意愿的信号。在做销售工作时微笑，表明你对与客户交谈抱有积极的期望。

引起客户注意的不仅是能带给他切身利益的商品，还有销售员的微笑。微笑是人的天性，发挥这项天性却不容易做到。销售员的微笑服务是一个人内心真诚的外露，具有难以估量的社会价值，可以创造难以估量的财富。好比一位哲人所说："微笑，它不花费什么，但却创造了许多成果。它丰富了那些接受的人，而又不使给予的人变得贫瘠。它会在一刹那间产生，却给人留下永恒的记忆。"

冠军销售员都懂的成交心理学

微笑服务能够产生一种力量，它不但可以产生良好的经济效益，赢得高朋满座，生意兴隆，并且还能够创造无价的社会效益，使销售员和企业口碑良好，声誉俱佳。在市场竞争激烈、强手林立的情况下，要想使自己的产品占有一席之地，优质的销售服务是至关重要的、主动对客户微笑又是其中的关键。

优秀的销售员都是先以微笑开始接近客户的，它表现着人际关系中友善、诚信、谦恭、和蔼、融洽等最为美好的感情因素，销售员如充分意识到微笑的价值，并在各种场合恰如其分地运用微笑，就可以传递感情、沟通心灵、征服客户和对手。

原一平用自己的亲身经历讲述了这样一个故事：在底特律的哥堡大厅曾经举行过一个巨大的汽艇展览。这座会议中心经常举办各种汽艇展览。在这次展览中，人群蜂拥而来参观，并且选购各种海上船只，从小帆船到豪华的巡洋舰都包括在内。

在汽艇展览期间，有一天一笔罕见的交易失掉了——但又谈成了。这里将依照一个推销员的话及底特律报纸商业版上的报道，把这次经过的情形再现。

在这场展览中，有一位来自中东某一个产油区的富翁，他停在一艘陈列的大船前面，面向那里的一位推销员平静地说："我要买价值两千万元的船只。"这是任何人都求之不得的事情——或者你会这样想。可那位推销员看着这位有购买潜力的客户就好像面对一个疯子一样，这位推销员脸上缺少的东西就是微笑。

这位石油国富翁看着那位推销员，研究着他没有微笑的脸，然后走开了。

他继续走到下一艘陈列的船面前，这回他受到一个年轻的推销员很热诚的招呼。这位推销员脸上挂满了欢迎的微笑，那微笑就像沙特阿拉伯的太阳一样灿烂。由于他最贵重的礼物——微笑，使这位富翁感到了宾至如归的轻松和自在。所以，他再一次说："我要买价值两千万元的船只。"

"没问题！"第二个推销员说，仍然微笑着，"我会为您展示我们的系列。"他虽然只是这样简单地应答了两句，但他已经推销了他自己。他已经在推销任何东西之前先把世界上最伟大的产品推销出去了。

这回这位石油富翁留了下来，签了一张五百块钱的储蓄券，并且对这位推销员说："我喜欢看人们表现出他们喜欢我的样子，你已经用微笑向我推销了你自己。在这里，你是唯一让我感到我受欢迎的人。明天我会带一张两千万元的保付支票来。"

这位富翁说的是真话，第二天他带了一张保付支票来，把它加到那张五百元的储蓄券中，一笔巨额交易就达成了。

这位用微笑先把自己推销出去的推销员，就是原一平自己。后来他又推销了他的海运产品。在那笔交易上，他可以得到百分之二十的利润，这或许已经够他一生的生活费用，但他不会这样懒散地过日子，他继续推销他自己，并且微笑着走上成功的道路。

至于那个没有微笑的第一位推销员，就没有人知道他现在在做什么了。

原一平学习自我推销所上的第一课是：你的这张脸不只是为了吃、天天洗、每日刮胡子或化妆，还要呈献上帝赐给人类的最贵重的礼物——微笑。原一平稳稳地抓住了这位富翁客户，他的微笑帮了他大忙。

销售员借助微笑可以产生强大的销售效果。微笑能够产生一种魅力，它可以点亮天空，可以振作精神；它可以改变你周围的气氛，更可以改变你。面带微笑的销售员会更受客户的欢迎。

你对别人眉头皱得越深，别人回报你的眉头也就越深。但如果你给对方一个微笑的话，你将得到十倍的利润。留给客户的第一印象并不是商品的质量和价格，而是你对他们的服务态度。对客户报以真诚的微笑，这是决定生意是否成交的关键。

在原一平的办公室里，墙上挂着一个小告示，他整天可以看到它，上面写着："我看见一个人脸上没有微笑，所以我给了他一个微笑。"不知道这句话最早是谁先说的，真应该给那个人一份荣誉，因为他说的这句话，让每个人看完后脸上都会泛起一个微笑。销售员掌握了微笑的技巧，无疑会给自己的销售带来快乐和成功的保障。

6.少用不确定的词语来"忽悠"客户

不论是与客户会面沟通，还是在能够接触客户的各种社交场合碰面，要注意自己所说的话不要过分夸大其词，实话实说可以增加社交魅力，给客户留下良好的印象。如果销售人员一味地夸夸其谈，丧失销售员基本的职业素养，只能让客户对你更加反感，从而在不知不觉间丢掉了订单。

销售员对自己的产品充满信心本无可厚非，但对产品夸大其词就是搬起石头砸自己的脚。有的销售员在向客户介绍产品时总是喜欢夸大其词，比如"用了我们公司的化妆品保管您十天之内就像换了一个人似的"，"吃了我们公司的营养品，您的病一个星期就能好"。销售人员在推销产品时只顾靠吹嘘，妄图打动客户，让他们购买自己的产品，却忘记了尊重事实。我们要明白，夸大和说谎之间的界限是很小的，有些销售人员吹牛吹得没有分寸，其实已经相当于说谎了。更可悲的是，这些销售人员不久就开始相信自己所夸大的事实了。

如果销售人员总是夸大自己产品的功效，而客户试用后却没有任何效果，那么今后无论销售人员再向客户介绍其他产品客户都不会相信了。

所以，销售员要给自己留后路，不要过分吹嘘产品的功能！因为客户使用后，终究会清楚销售人员所说的话是真是假。不能因为要达到销售业绩就夸大产品的功能与价值，这势必会埋下一颗"定时炸弹"，一旦产生纠纷，后果就很难预料。有些销售人员确实会这样做，明明不可能的事情，却要信誓旦旦地去吹嘘，只能招致客户的反感和投诉。

让我们看看下面的故事，更能深刻体会到夸大其词对销售来说只是有百害而无一利的。

有一位私营诊所的医生，长年以来一直都使用某药厂的药。突然有一天，这位医生完全不再使用该厂研制的药了。因为有一位销售员到他的诊所丢下一瓶药丸说："这个是所有气喘病人的特效药。"医生很生气地说："他还真有胆量对着我说这种瞎话，我的一些病人已使用过，一点都没有效果！"

有好事者问他："是不是真的完全都无效？"

"那倒不是，就解除症状而言，它还是蛮有功效的，但气喘是无法根治的，有太多的因素会使它发作，心理受到影响也可能是发作的因素之一。"

"你希望那位销售员怎么说呢？"好事者问他。

"如果他对我说'肖医生，根据大规模在病人不知情的情况下所做的实

冠军销售员都懂的成交心理学

验显示，这种药物对80％的气喘患者都能有效减轻症状'，我就会阅读那份报告，并增加处方量。老实说，那还算是不错的产品，但为什么他要向我过度吹嘘呢？"

对客户实在就是对自己实在，销售员夸大药品的功效，直接导致客户对其产生不信任，拒绝其任何产品，这样的后果是可悲的。任何一种产品都存在好的一面，同样，也存在不足的一面。作为销售人员应站在客观的角度，清晰地与客户分析产品的优与劣，帮助客户"货比三家"，唯有知己知彼才能让客户心服口服地接受产品。所以，要提醒销售人员的是：任何欺骗与夸大其词的谎言都是销售的天敌，会导致销售人员的事业不会长久发展。

一名资深销售员介绍他的推销经验：如果你是一个推销电脑财务软件的销售员，必须非常清楚地了解客户为什么会购买财务软件。当客户购买一套财务软件时，他可能最在乎的并不是这套财务软件能做出多么漂亮的图表，而最主要的目的可能是希望能够用最有效和最简单的方式得到最精确的财务报告，进而节省更多的开支。所以，当销售员向客户介绍软件时，如果只把注意力放在解说这套财务软件如何使用，介绍这套财务软件能够做出多么漂亮的图表，可能对客户的影响并不大。如果你告诉客户，只要花1000元钱买这套财务软件，可以让他的公司每个月节省2000元钱的开支，或者增加2000元的利润，他就会对这套财务软件产生兴趣。

销售人员要明白不要绕着事实恶作剧，不要在它的边缘兜圈子，不要歪曲或渲染。销售人员在向客户推介产品的时候，难免出现"王婆卖瓜，自卖自夸"的现象，信誓旦旦地保证产品效果，费尽心机地介绍产品卖点，绞尽脑汁地推销公司产品。但是因为客户的质疑、不信任或者不接受，难免出现宣传产品时夸大其词的现象。而一旦真相被揭穿，销售员也就很难从这个客户身上拿到业绩。

唯有显示自己产品的亮点才是销售的正道。在你接触一个新客户时，应该尽快地找出那些不同的购买原因当中，这位客户最关心的那一条。最简单有效地找出客户主要购买原因的方法是通过敏锐地观察以及提出有效的问题。另外一种方法也能有效地帮助我们找出客户的主要购买原因，这个方法就是询问曾经购买过我们产品的老客户，很诚恳地咨询他们："先生（小姐），请问当初是什么原因使您愿意购买我们的产品？"当你将所有老客户的主要购买原因找出一两项来加以分析，就能够很容易地发现他们当初购买产品的原因是哪些了。总之，花点技巧实话实说要比夸大其词好得多！

7.语言配合手势，让你的交谈更流畅

作为一种非语言符号，销售员的手势如果运用得当，会为自己的销售带来正面积极的作用。如果感觉自己的手势不好，应该是太紧张的缘故。交谈的时候要放松，手势要自然。熟悉产品知识、了解客户需求，坦诚沟通，你觉得舒服的时候，客户也觉得舒服，离销售成交就不远了。

手势有助于销售员做更好的表达，调节交谈的气氛。我们每一个人在谈话的过程中都会有不同的手势，只是有的手势是有助于我们表达的，有的会令人讨

冠
军
销
售
员
都
懂
的
成
交
心
理
学

厌。在销售交流的时候，最好不要出现用手指点指对方的手势，这样会让对方十分反感，也不要在讲话时胡乱挥舞拳头，这些手势都是对客户不礼貌的。

手势作为一种极其复杂的符号，能够表达出一定的含义。在人际交往中，手势更能起到直接的沟通作用。对方向你伸出手，你迎上去握住它，这是表示友好与交往的诚意；如果你无动于衷地不伸出手去，或懒懒地蜻蜓点水般握一下对方的手，则意味着你不愿与其交朋友；鼓掌是表示赞许、感谢的意思；而在交谈中，你向对方伸出拇指，自然是表示夸奖；而若伸出小指，则是贬低对方。这些都是交往双方不言自明、不可随意滥用的符号。而人们常常因在销售交往中不由自主地表现出一些不适当的手势动作，影响彼此之间业务的洽谈沟通。

所以，销售员手势的运用要规范和适度。与客户谈话时，手势不宜过多，动作不宜过大，要给人一种优雅、含蓄和彬彬有礼的感觉。通常来说：掌心向上的手势有一种诚恳、尊重客户的含义；掌心向下的手势意味着不够坦率、缺乏诚意等；攥紧拳头暗示进攻和自卫，也表示愤怒；伸出手指来指点，是想引起别人的注意，含有教训人的意味。因此在指路、指示方向时，应注意手指自然并拢，掌心向上，以肘关节为支点，指示目标，切忌伸出食指来指点。

诚然，仅靠手势指示，而神态麻木或漫不经心是不行的，对你的销售也不会起到正面作用。只有靠面部的表情和身体各部分姿势语言的配合，才能给客户一种热诚、舒心的感觉。

那么，销售员在商务活动中要掌握哪些手势的礼仪和技巧呢？下面让我们一起学习。

一、幅度大小适度

在社交场合，应注意手势的大小幅度。手势的上界一般不应超过对方的视线，下界不低于自己的胸区，左右摆动的范围不要太宽，应在人的胸前或右方进行。一般场合，手势动作幅度不宜过大，次数不宜过多，不宜重复。中国的沟通习惯和外国不一样，所谓的手势、目光接触是西式的沟通方式，在中国其实是无所谓的。手势过多反而让人觉得不舒服，和有人盯着你的眼睛看感觉不舒服一样。

二、自然亲切

与客户交往的时候，多用柔和曲线的手势，少用生硬的直线条手势，以求拉近心理距离。

三、规避不良手势

具体是指与客户交谈的时候，说到自己不要用手指自己的鼻尖，而应用手掌按在胸口上；而谈到别人时，也不能用手指别人，更忌讳背后对人指点等不礼貌的手势；初见新客户时，避免抓头发、玩饰物、掏鼻孔、剔牙齿、抬腕看表、高兴时拉袖子等粗鲁的手势动作；避免交谈时指手画脚、手势动作过多过大。

握手是商务环节中不可或缺的行为，销售员利用握手也能帮助自己创造出业绩。握手是我们在首次见面和告别时的礼貌动作，也是重要的肢体语言。销售员根据不同的对象，使用握手的方式也不同，对同性的长辈，要先用右手握住对方的右手，再用左手握住对方的右手手背。实际上就是双手相握，以表示对长辈的尊重和热情；对待同龄人、晚辈、同性，只要伸出右手，和对方紧紧一握就可以了；对待异性，特别是男性和女性握手，只应伸出右手，握住对方的四个指头就可以。有时女性对男性的反感就来源于握手，有的用力全握，有的抓住不放，都是不礼貌的，都会给对方留下不好的印象。

四、手势礼仪

1.场合：一般在见面和离别时用。冬季握手应摘下手套，以示尊重对方。一般应站着握手，除非生病或特殊场合，但也要欠身握手，以示敬意。

2.谁先伸手：一般来说，和妇女、长者、主人、领导人、名人打交道时，为了尊重他们，把是否愿意握手的主动权赋予他们。但如果另一方先伸了手，妇女、长者、主人、领导人、名人等为了礼貌起见也应伸出手来握。见面时对方不伸手，则应向对方点头或鞠躬以示敬意。见面的对方如果是自己的长辈或贵宾，先伸了手，然后应该快步走近，用双方握住对方的手，以示敬意，并问候对方"您好""见到您很高兴"等。

3.握手方式：和新客户握手时，应伸出右手，掌心向左，虎口向上，以轻触对方为准。如果男士和女士握手，则男士应轻轻握住女士的手指部分。时间为1~3秒钟，轻轻摇动1~3下。

4.握手力量轻重：根据双方交往程度确定。与新客户握手应轻握，但不可绵软无力；与老客户应握重些，表明礼貌、热情。

5.握手时表情应自然、面带微笑，眼睛注视对方。

作为一种重要的沟通工具，手势被许多销售员成功地应用，可以渲染与客户之间谈话的氛围，能够帮助销售员建立起强大的信心。手势应用得当，客户从中可以看出你的专业素养和你对产品的信赖程度，但销售人员应尽量避免不良动作，尽快调整自己的手势礼仪，为自己的销售工作添砖加瓦。

8.时刻让客户感受到你的真诚

一个信守原则的人最能赢得客户的尊重和信任。因为客户也知道，满足一种需要并不是无条件的，而必须是在坚持一定原则下的满足。只有这样，客户才有理由相信你在推荐产品给他们时同样遵守了一定的原则，他们才能放心与你合作和交往。销售员的诚信，就是赢取销售成功最好的武器。

从事销售工作，要让客户感受到你的真诚，你的业绩才会扩大。做生意做大做强不仅仅要言谈举止让人觉得可信可交，更重要的是要通过与客户实际的交往，建立诚信的关系。有了诚信，就有了销售成功的资本。所以说，销售员有诚信的理念，是不断获得客户认可的"法宝"。

孔子曰："人而无信，不知其可也。"销售员朋友们，我们要时时刻刻牢记讲诚信，诚信是立足之本，是事业成功的基石。俗话说得好，三分做事七分做人。做生意要讲诚信，要善待每一个客户，要从小处细处着眼，将诚信落在实处。如果你能做到诚实守信，你就会得到越来越多的忠实客户。

小张是一位刚刚应聘上岗的电脑推销员，迫切需要提高自己的业绩。有一天，一位客户来到她的电脑直销店挑选电脑。刚一进门，小张就主动上前打招呼，给他介绍各种型号的电脑，可那位客户看完店里所有的电脑都没有合意的，便准备离开。这时，小张主动对他说："先生，我可以帮你挑选到你最满意的电脑，我是这里的推销员，我很熟悉附近的电脑直销店，我愿陪你一起去挑选，而且还可以帮你谈到合适的价格。"

这位客户同意了小张的请求，小张带着他来到了别的电脑直销店。那位客户把所有的电脑店都看了一遍，还是没有挑选到他自己最满意的电脑。

最后，那位客户对小张说："我还是决定买你的电脑。老实说，我决定买你的电脑并不是你的电脑比其他店里的要好，而是你主动、热情的精神感动了我。到目前为止，我还没有享受过这种宾至如归的服务。"

结果，那位客户不仅从小张那里买了好几台电脑，而且还在他的朋友圈内为小张免费做宣传，介绍了很多客户到小张的电脑直销店来买电脑。

体谅他人的行为，其中包含"体谅对方"与"表达自我"两方面。所谓体谅是指设身处地地为别人着想，并且体会对方的感受与需要。在经营"人"的事业过程中，当我们想对他人表示体谅与关心时，就应设身处地为对方着想。由于我们的了解与尊重，对方也相对体谅你的立场与好意，也会做出积极的回应。

那些优秀的销售员一直把诚信列为自己工作的准则。在平时的工作中，每次拜访客户，向客户介绍自己的产品，实际上就是在客户面前推销自己的诚实。要想得到客户的认可，真正跟客户成为朋友，诚信不但是最好的策略，也是唯一的策略。

销售员通过推销产品为自己赚钱，提高生活质量，这无可厚非，但是如果我们为了业绩就误导或是欺骗客户，那是万万不能的。都说每个人心里有一种潜在的欲望，在合理合法的情况下，通过自己的努力去实现也没什么错，关键是我们从事的销售工作是一点都马虎不得的。

相信很多销售员经常会看一些励志的小故事，从中得到感悟并改进自己的行为，让自己日后能做到更好。一位销售主管这样说起他眼中的真诚："诚信乃立人之本，我时刻告诉我的团队，做人一定要诚实守信，无论你从事什么职业，无论你做什么事情，都一定要把诚信放在第一位。"

让客户感受到你的真诚，客户才能对你充满信心。"诚信的概念源于道德伦理领域，又在商品经济的产生与发展中不断丰富和扩展，成为经济范畴中的一个重要理念。没有诚实信用，就没有市场经济，有了诚实信用，当事人才会对市场交易充满信心，增加和扩大市场交易行为。

在销售活动中，诚实守信是对商品交易双方合法权益的维护和尊重，也是对自身合法权益的维护和尊重。诚信的缺失最终也会使失信者的利益遭到损失。考虑到诚信对于销售的重要性，很多主管会在新人一入公司就跟他讲销售的职业规划，以及未来的发展，让销售员在真正意义上了解产品，认同产品，并且把产品的真正功用带给千家万户。要想让客户相信自己的产品，就需要销售员付出他们的真诚。

第三章
拨通客户电话，语言比产品本身更关键

优秀的销售员特别重视强化前期的沟通，成功销售的关键其实就在于诸多环节的前期沟通。销售员在前期沟通过程中一是要建立信任感，让客户对企业信任，对自己信任，对产品知识的灌输也要达到一定程度；二是要建立亲和感，经过几次的电话沟通双方要达到很亲切的程度。这样在与客户的沟通中需要强化的只是企业形象和产品功效，起到的是临门一脚的效果，所以销售员一定要强化前期沟通。

1.设计新颖独特的开场白

销售员向客户推销商品的时候，一个有创意的开头十分重要。好的开场白能打破客户对销售员的戒备心理，拉近销售员与客户之间的距离，为下一步的推销工作开一个好头，所以，设计好开场白十分重要。

一段精彩的开场白，不仅可以成功地向客户介绍自己以及自己要销售的产品，而且还为后来的良好沟通奠定了坚实的基础。为此，销售人员不妨在见到客户之前就针对自己的销售目标和客户的实际需求精心设计一番开场白。

好的开场白不仅会给客户留下深刻的印象，而且还能引起客户对你接下来言谈举止的强烈兴趣。可以说，一个吸引人的开场白，就已经使一次销售成功地实现了一半。对于销售人员来说，在与客户沟通的过程中，一段好的开场白能够起到的作用不仅仅是成功地向客户介绍自己以及自己要销售的产品，而且还为后来的良好沟通奠定了坚实的基础。为此，销售人员不妨在见到客户之前就针对自己的销售目标和客户的实际需求对开场白进行一番精心设计。

贝尔那·拉弟埃是"空中汽车"收音机制造公司的著名销售专家，当他被推荐到"空中汽车"公司时，他面临的第一项挑战就是向印度销售汽车。这是件棘手的任务，因为这笔交易已由印度政府初审未被批准，能否重新寻找成功的机会就全看特派员的沟通本领了。作为特派员，拉弟埃深知肩上的重任，他稍做准备就飞赴新德里。接待他的是印航主席拉尔少将。拉弟埃到印度后，对他的沟通对手讲的第一句话是："正因为你，使我有机会在我生日这一天又回到了我的出生地。"这个开场白拉近了拉弟埃与拉尔少将之间的距离。不用说，拉弟埃的印度之行取得了成功。

拉弟埃的印度之行获得了销售的成功，关键在于他设计了一句简明扼要，内涵却极为丰富的精彩开场白。他不仅感谢主人慷慨赐予的机会，让他在自己生日这个值得纪念的日子来到印度，而且富有意义的是——印度是他的出生地，立刻拉近与客户之间的距离。

对客户进行访谈或者与之交流时，如果双方心理距离太远，往往遮遮掩掩地，难以进行实质性的沟通，因此，如何拉近与客户的心理距离是非常重要的。厉害的顾问没几句话就和客户像老朋友似的，这当中除了能力和水平外，事实上是有些技巧的。

开场白要有引人入胜、一鸣惊人的效果，能成为大家的焦点，那么你的目的将很快达到。

销售员："我是××公司的李明，最近可好？"

老客户："最近好忙呀。"

销售员："嗯，那您要好好保重身体，您看看我今天可不可以帮您缓解一些工作上的压力，我们最近刚推出了××服务套餐，您成为我们会员后，今后有什么要查询的资料可以委托我们全权查询，可以给您在最快时间内完成。或者每次将您××的资料提供给我们，我们的××顾问将需要的资料整理好发送给您，这样就可以缓解您的工作压力了，而且我今天先给您免费提供一次，让您好好轻松一下，如何？"

对于老客户，开场白虽不必精心设计，但也要针对该客户的性格特点选择恰当的交流方式。可要陈述利益并不是一件容易的事，这不仅仅要求掌握对方的详细资料，还要能够切合对方的心理，这才是关键所在。

开场白如何吸引对方的注意力，有两种常用的方法：一是提及客户现在可能最关心的问题；二是去赞美对方，但需要掌握一定的度，如果言过其实，效果就差远了。销售人员应发自内心真诚地赞美客户。每个人都喜欢听到好听的话，客户也不例外。因此，赞美客户就成为接近对方的好方法。赞美准客户必须要找出别人可能忽略的特点，从而让准客户知道你的话是真诚的。

只要注意这两个方面，基本上开场白就能够定下融洽的基调。当然，还有一个重要的方面，就是在与客户交谈的时候一定要以积极开朗的语气向客户表达问候。销售人员与准客户交谈之前，需要适当的开场白。开场白的好坏，几乎可以决定这一次访问的成败。

精彩开场白常见的几种方法：

一、在半分钟内给客户一个惊喜。

二、陈述你的商品与众不同之处，例如"最大""唯一"等。

三、谈论客户所熟悉的话题，如"最近我在报纸上看到一篇您写的文章"。

四、赞美客户，如"我听您同事讲您在收藏品领域很有研究，所以，也想同您交流下"。

2.热情，是绝对不能少的态度

凭借着饱满的热情，销售员可以获得更多的订单。改善客户关系的最好方式就是用你的热情去打动对方。当我们了解人际关系占成功因素的部分很大，那就要努力去改善，奉献出你的热情和真诚，让客户看到你的真心，让他们体验到你的产品的真正价值，他们才会心悦诚服地购买你的产品。

一般经营事业相当成功的人士，不会随波逐流或唯唯诺诺，他们有自己的想法与作风，但却很少对别人吼叫、谩骂，甚至连争辩都极为罕见。他们对自己了解得相当清楚，并且肯定自己，他们的共同点是自信，日子过得很开心。有自信的人常常是最会沟通的人。

销售人员与客户谈话时，态度一定要热情，语言一定要真诚，言谈举止都要流露出真情实感。俗话说："感人心者，莫先乎情。"这种"情"就是指销售人员的真情实感，只有用你自己的真情才能换来对方的情感共鸣。

销售大师乔·吉拉德是一位充满热情的人。有一次，他遇到一个人，那人问他是做什么职业的，乔·吉拉德告诉了他。听到答案后对方不屑一顾地说："你是卖汽车的？"但乔·吉拉德并不理会道："我就是一个销售员，我热爱我的工作。"

他曾问一个神情沮丧的人是做什么的，那人说是推销员。乔·吉拉德告诉对方："销售员怎么能是你这种状态？如果你是医生，那你的病人一定遭殃了。"

"那我该是一种什么样的状态？销售工作快把人累死了。"那个销售员无奈地说。

"不管什么时候，销售员都要保持热情，一脸苦相才会把人累死了。"乔·吉拉德对他说。

乔·吉拉德凭借着自己的热情获得了无数的订单，从而获得了"世界上最伟大的推销员"的殊荣。很多推销员都对自己客户的印象很不好，这样就从心理上有了一定的抵触情绪，在跟客户沟通的时候就显得不太热情。这种隐形的抵触情绪会影响推销员的外在情绪，在向客户介绍自己的产品时就像走马观花，一鼓作气地把产品功能介绍完，不论客户是否需要。这样的推销员是不合格的，要知道，你只有接受你的客户，客户才能去接受你的产品。

高木被誉为是日本的"推销大王"。起初，高木在刚进入推销界的时候，遇到什么事都不顺。他一个人每天需要跑三十多家单位去推销复印机。在战后那个百业待兴的时期，复印机可是一种非常昂贵的新型产品，有很多人根本不知道它是用来做什么的，所以大部分行政机关和公司都不会购买。

很多机构甚至连大门都不让高木进，即使他进去了，也是很难见到负责人的。高木只好设法弄到负责人家里的住址，然后再登门拜访，而对方总是让他吃闭门羹，说辞经常是"这里不是办公室，不谈公务。回去吧。"第二次高木再去，对方的口气更为强硬："你再不走，我可要叫警察了！"遇到这样的顾客，估计大多数人都不会再去了，因为这样的客户是令大多数人无奈的。但高木不同，他还是会去公司找这位顾客，并很热情地介绍使用复印机的利润效果。高木觉得，坏脾气的人很直接，他们只是现在还不了解复印机的用途，一旦他们答应了，就会很快购买。所以高木仍然会去找他们，尽管还是会被拒绝。

前三个月，高木的业绩是零，因为他一台复印机也没有卖出去。那时候他是没有底薪的，一切收入都来自交易完成之后的利润提成，没有做成生意，他就连一分钱的收入都没有。他经常是身无分文，出差在外时住不起旅馆，就只好在火车站的候车室过夜，但他仍然坚持着。

有一天，他打电话回公司，问有没有客户来订购复印机，这种电话他每天都要打好几次，每次得到的都是值班人员有气无力的回答："没有。"但这一天，值班人员回答的口气不同了："喂，高木先生，有家证券公司有意购买，你赶快和他们联系一下吧。"

对高木来说，这个消息简直是个奇迹，这家证券公司决定一次性购买八台复印机，总价值为108万日元，按利润的60％算，高木可以得到超过19万元的报酬。这是他人生中的第一次成功，而购买这么多复印机的正是那个坏脾气的负责人。从此以后，他的销售业绩呈直线上升，连他自己都觉得惊讶。

转眼半年过去了，高木已经是公司的最佳推销员了。他觉得，自己之所以能够取得成功，是因为他把每位顾客都当朋友，不介意他们对自己的不礼貌，原谅他们的粗鲁，对工作永远充满激情。

后来，高木成为日本推销界著名的人士，还写了不少著作。他曾说过："千万不要做一个只在山脚下转来转去，毫无登山意志的人，必须尽自己的体力攀登上去。"是热情，成就了高木的业绩。

其实，做一个出色的推销员就是要拿出你最佳的热情去接受自己遇到的各类客户，不管是好的还是坏的，喜欢的还是讨厌的，你都要把他们当朋友看，只有你将他们当朋友看的时候，你才会去包容他们，并对他们产生热情。而人与人之间的感觉是可以互相传递的，你的真实诚恳他们是感觉得到的。

"一回生，二回熟"，面对客户，需要销售员拿出自己的热情主动去联系客户。所有的人际关系都是这样培养起来的。你不联络，不继续保持联络，不继续主动联络，你的销售工作是不会成功的。

3.言语有侧重，不要太直白

销售员说话说不到点子上，会让客户感到难堪。很多销售员去推销自己的产品时，因为找不到合适的话题而丧失销售机会；而有的销售员说得滔滔不绝，但话语没有重点、说话直白让客户反感，同样没有得到销售机会。所以，销售员与客户交谈要有侧重，这才是成交的关键。

销售员很大程度上是靠"说话"赢得订单的，但说话没有重点、说话不注意方式、表达方式太直接，势必会造成很糟糕的后果。因此，销售员拜访客户，一定要明确说话的重点，然后围绕这个重点展开说，说的时候应注意一下条理。

在大多数情况下，我们说话还是不着边际、没逻辑、东飘西荡，这对销售员来说是致命的。因此，在日常工作生活中我们应该多练习一下"电梯测试"。所谓"电梯测试"，就是任何一份报告、产品说明、性能说明等，你能在坐电梯的几十秒时间内向对方阐述清楚。可能你的报告有洋洋洒洒数十万字，但是你一定要有能力用一句话表述清楚，并且这句话要能抓住对方的心理。不管怎么说，从商业交往上来说，说话一定要有重点。

太直白的表达方式会让销售员损失很大，在不经意间伤害别人的自尊心。那些自尊受到伤害的人，会感觉自己没有用，从而产生自暴自弃的念头；太直白的表达方式有可能会让对方感到气愤，只是想着如何去反击和报复你，而不会想到如何去改变自己的不足，这和你的初衷会有很大反差；太直白的表达方式有时候会让对方感觉你是在侮辱他。如果对方脾气好也就罢了，如果脾气不好，有可能会和你发生冲突。这样对你而言，就得不偿失了。

客户千差万别，其知识和见解也不尽相同，销售员在与客户沟通时，如果发现客户在认识上有不妥的地方，不要直截了当地指出，说他这也不对那也不对。一般来说，人们最忌讳在众人面前丢脸、难堪，销售人员切忌说话太直白，直言不讳并非都是好事。

康德曾说："对男人来讲，最大的侮辱莫过于说他愚蠢；对女人来说，最大的侮辱莫过于说她丑陋。"销售员如果对客户说话不注意分寸，表达太过直白，会对客户产生很不好的影响。销售人员一定要看交谈的对象，因人施语，运用好谈话的技巧、沟通的艺术，委婉地对客户提出忠告。

　　一个青年为他父亲白手起家的故事而感动，于是，他历尽艰险来到热带雨林找到一种高十余米的树木。这种树在整个雨林也只有一两棵，如果将树砍下一年后让外皮朽烂，留下木心沉黑的部分，一种特殊的香气便散发出来；若放在水中会沉入水底，而不是像别的树那样漂浮。

　　青年将香味无比的树木运到市场去卖，却无人问津，这使他十分烦恼。而他身旁有人卖木炭，买者很多。

　　后来，他就把香木烧成木炭，挑到市场上卖，很快就卖光了。青年为自己改变了主意而自豪，回家告诉他的老父。不料，老父听完泪水刷刷地落下来。

　　原来，青年烧成木炭的香木是世界最珍贵的树木———沉香。老父说：只要把沉香切一块磨成粉屑，价值也要超过卖一年的木炭啊……

　　说话没有重点，就等于没有把珍贵的沉香最好的价值发挥出来。产品的卖点究竟在哪里？这是销售员经常思考的问题。一种商品往往具有多种用途，并由此构成几个卖点。人们看不到物品的最大价值，就会做出"因小失大"的蠢事———"端着金碗讨饭吃，拿来锦缎当抹布"……如此等等。

　　说话不要太直白对销售有益，致使许多人错误地认为，在家人和朋友面前，不管有什么话都可以直接地说出来，没有必要那么委婉含蓄。因为如果在家人和朋友面前还委婉含蓄的话，那就是虚伪的表现了。

　　这种想法看上去似乎并没有错，但在实际生活中却往往行不通。因为不管是客户还是朋友，每个人都是独立的个体，都有自己特定的情绪，如果不能有效地顾及这些情绪的话，有可能造成与客户反目、与朋友断情。可见，表达还是要讲究一些技巧的。

对客户的委婉并不是虚伪，而是一种方式，一种以真诚坦荡的沟通来对待人的方式。委婉意味着对他人是信赖的，表达了这样的意思："只要我尊重你的感受，而且尽量克制着自己不去伤害你，那么我相信你对我的意思也一定能够很好地了解"。

如果能够委婉地与其进行交流和交谈，就会收到非常良好的效果；反之，就会适得其反。

直白的语言，往往会伤到别人的心。因此，表达自己的观点时一定要注意使用方法和技巧，要委婉地表达，这样才能让人易于接受。语言是一门学问，也是一门艺术，要想在生活和工作中游刃有余，就要掌握这门艺术。只有委婉含蓄地与客户进行交流，才能让你的销售工作顺利开展。

成功的沟通在于双方之间强烈的共鸣，有了共鸣才可以有共同的话题。销售员要站在客户的角度去考虑他们的感受，换位思考进行沟通，才能更好地引起客户思想的共鸣。

4.千万别弄错了客户的姓名或性别

客户在没签单之前都是我们的潜在客户和重点客户，我们不经意的一个疏忽都有可能让客户溜走。因此，做销售准备工作的好坏，对销售活动的成败影响就非常大。收集客户的详尽资料，可以使销售人员在销售中占据主动的地位。你对客户的情况了解得越透彻，你的销售工作就越容易开展，越容易取得成功，越容易收到事半功倍的效果。

常言道，机会是留给有准备的人的。对客户的信息了解不透彻，或者了解不全面，甚至是弄错了客户的姓名和性别，都有可能使我们的销售工作功亏一篑。在产品同质化和市场趋同的严峻竞争中，销售人员如何制胜？应挖掘到客户的实际内在需求，打动客户。当你对客户的情况了如指掌的时候，你就不会为如何打破僵局而苦恼了。销售员要了解客户的家庭状况、毕业的大学、喜欢的运动、喜爱的餐厅和食物、饲养的宠物、喜欢阅读的书籍以及上次度假的地点和下次休假的计划、在机构中的作用、同事之间的关系、本年度的工作目标和个人发展计划及志向等。把客户当作朋友来对待，从心底里让客户信任你、爱上你。

客户信息一定要准确，马虎大意只能让我们做无用功，一个细微的客户信息的忽略就会把订单让给了竞争对手。销售员要做好客户知识管理，就是有效地获取、发展和维系有利于客户组合的知识与经验，尽可能地求得最大的价值，利用丰富的客户信息，从客户关系中获得最大收益的行动。从多个渠道收集我们所需要的信息，是保证我们信息全面的有效方法，因为客户信息对销售员后期开展销售工作的专业判断影响非常大，因此要严格认真地对待。

王女士在网上购买了一些食品，但物流公司的订单上把她的姓名和电话都写错了，无奈之下王女士只得自己去提货。

事情起因是这样的：王女士在网购下订单后选择了一家价格便宜的物流公司，但过了近一星期她也没收到东西。"我和卖家沟通后，卖家联系了物流公司，结果发现订单上我的名字和电话都有误，所以一直没送货。"随后王女士要求卖家将自己正确的姓名与电话号码告知物流公司。"卖家也和物流公司联系了，但物流公司给我的答复是要我自己去拿，他们还说如果等送货的话就要等很久。想到我买的是食品，怕会过期，就只好自己去拿了。"

次日，王女士来到物流公司，一名工作人员将王女士的提货单找了出来，提货单上的姓名和号码确实有误。"单子已经经过多家物流公司了，"王女士的货物由一家名为"兴达"的物流公司中转到合兴物流公司，名字就是在那时弄错了的。经过多方周折之后，王女士终于拿到了她的货物。

经过业内的传播，王女士所在公司取消了与卖家的合作。

一个细微的错误，就导致了日后订单的流失。写错客户的姓名，给客户带来了麻烦，更为自己带来了损失。我们在获取客户信息时，一定要重视细节，不能让小错误发生。还要充分明确自身信息需求，积极汇聚潜在客户信息，要以敏锐的触觉感知市场，洞悉自己的竞争对手，实时跟踪动态信息的变化，要对行业市场全貌有所了解，才能无往而不胜。

客户信息掌握得不透彻，只能让自己处于被动地位。销售员拜访客户前的准备是一个持续性的准备，每一个客户都是你未来开花结果的种子，你对客户了解得越多，越增加你销售的信心。信心是有感染力的，客户感觉到你的信心，也会对你产生信心。了解客户的家庭背景，投其所好，对症下药，也是不少销售人员取得成功的"杀手锏"。一位销售人员了解到客户的儿子喜欢集邮，在与客户见面时就送上了一些邮票，立刻便得到了客户的好感。

收集客户信息不能盲目，我们要有的放矢，掌握真实准确且有效的信息才能发挥效用。信息收集后要进行归类整理，便于及时回复和节省时间。销售员要学会挖掘提炼信息价值，使收集的各类资料最大限度地服务于自己的销售工作。

其实，作为一个专业的销售人员，能够准确地记住别人的名字就是对别人最起码的尊重，是最基本的礼貌。当然很多销售人员都想要记住客户的名字，但是由于各种原因总是无法做到"对号入座"，那么如何才能够准确地记住别人的名字呢？

第一，记住对方的显著特征，做到人与名字"对号入座"。在第一次见到这位客户的时候，作为销售人员就要开始下功夫了，那就是要记住对方的显著特征，比如说眼睛、声音，当你知道这位客户的名字之后，就要下意识地将对方的名字与特征联系起来，这样，在第二次见到这位客户时就会在你的潜意识中蕴含对方的名字。

第二，了解对方的资料，加深印象。对于很多人来说，记住一个人的容貌并不难，可要记住一个人的名字就不那么容易了。作为一名销售人员，在销售的过程中要想很好地记住对方的名字，那么就要对客户的资料进行了解，尤其是当你有了对方的相关档案之后，更应不时地翻看一下。因为在你了解对方资料的同时就已经对客户产生了更深的印象，这种记忆绝非刻意去记忆的，而是一种自然而然的过程。在第二次见到这位客户的时候，你自然能够知道对方的姓名。

第三，对于难念的名字，要多次记忆。很多人的名字都并不好记，而有的客户更是没有那么明显的个人特征，这个时候就要主动地去记忆，多次翻看对方的名片或者是资料，以此来加深对这位客户的印象。

在销售过程中，许多销售代表会叹气说"我最不会记人名了，即使是昨天见过的客户，今天就想不起来对方叫什么了"，好像人的记忆力天生就有强弱之分似的。但是，这绝对不是记忆力所能够控制的事情。能够记牢对方的姓名，不仅是现在销售的基本礼仪，也是促使客户对你产生良好印象的最好方法，这种本领在销售过程中大有好处。

5.客户的时间很珍贵，你的言辞要有针对性

一个善于办事的销售员，一定会很珍惜客户的时间，注重礼貌，用词考究，不致说出不合时宜的话，因为不得体的言辞会伤害别人，即使事后想弥补也没用。如果销售员举止沉稳，态度温和，言辞动听，能在有限的时间里与客户达成一定的默契，双方自然就能谈得投机，推销自然也就容易成功。

客户的时间很有限，如果销售员不能在有限的时间里与客户达成默契，则会影响到销售的后续进程。因此，销售员要学会见什么人说什么话，对不同的客户有针对性地说话。只要在谈话时把握好一定的要求就会达到满意的效果，甚至可以有意外的收获。

一、根据客户的身份和性格说话

在和客户交谈的时候，销售员要尽量照顾对方的身份说话，还要注意观察对方的性格。一般来说，一个人的性格特点往往通过自身的言谈举止、表情等流露出来，我们在推销时要对所推销对象的情况有客观的了解。只有知己知彼，才能针对不同的对手采取不同的会谈技巧。

比如，对于知识层次高的客户，对知识性的东西抱有极大的兴趣，不屑听

肤浅、通俗的话，应充分显示你的博学多才，多进行抽象推理，致力各种问题之间内在联系的探讨；文化层次低的对象，不宜循循善诱时，可以用激将法；爱好夸大的对象，不能用表里如一的话使他接受，不妨用诱兵之计；脾气急躁的对象讨厌喋喋不休的长篇说理，用语要简要直接；性格沉默的对象，要多引导他说话，不然你将在云里雾中；头脑顽固的对象，对他硬攻容易形成僵局，造成顶牛之势，应看准对方最感兴趣之点进行转化。

从语言了解对方，是取得胜利的关键。我们可以从言谈来观察对方的性格特征和内心活动。

二、琢磨客户的心理说话

如果你所推销的对象无意中显示出某种态度及姿态，那么你就可以通过这些了解他的心理，甚至还能捕捉到比语言更真实、更微妙的思想。

例如，对方抱着胳膊，表示在思考问题；抱着手，表示一筹莫展；低头走路、步履沉重，说明他心灰气馁；昂首挺胸、高谈阔论，是自信的流露；女性一言不发，揉搓手帕，说明她心中有话，却不知从何说起；真正自信而有实力的人，反而会探身谦虚地听取别人讲话；抖动双腿常常是内心不安、苦思对策的举动，若是轻微颤动，就可能是心情悠闲的表现。

当然，对销销对象的了解，不要停留在静观默察上，还应主动侦察，采取一定的侦察对策，去激发对方的情绪。这样才能够迅速准确地把握对方的思想脉络和动态，从而顺其思路进行引导，使会谈易于成功。针对不同的推销对象谈话应考虑以下几个方面：

1.性别差异。对男性需要采取较强有力的劝说语言，而女性则可以温和一些。

2.年龄差异。对年轻人应采取煽动性的语言；对中年人应讲明利害，让他们斟酌；对老年人应以商量的口吻，尽量表示尊重。

3.地域差异。生活在不同地域的人也应有差别。如：对北方人，可采用粗犷的态度；对南方人，则应细腻一些。

4.职业差异。要运用与对方所掌握的专业知识有关联的语言与之交谈，这样对方对你的信任感就会大大增强。

5.性格差异。若对方性格豪爽，便可单刀直入；若对方性格迟缓，则要"慢工出细活"；若对方生性多疑，切忌处处表白，应不动声色，使其疑惑自消。

6.文化程度差异。一般来说，对文化程度低的人采用的方法应简单明确，多使用一些具体数字和例子；对文化程度高的人，则可采用抽象说理的方法。

7.兴趣爱好差异。凡是有兴趣爱好的人，当你谈起有关他的爱好这方面的事情来，对方都会兴趣盎然，同时在无形中也会对你产生好感，为你跑成关系打下良好的基础。

三、看客户的具体情况说话

推销时，谈话的语言要视对方的修养而选择，做到雅俗共赏，各类人都听得进去。

在销售交谈的过程中，如果销售员只一味地谈自己的事，并不停地说"请你帮忙，请你帮忙"之类的话，会让人感到万分厌恶和不耐烦，这是推销中的大忌。如果你想把自己所要办的事向对方说明，就应该摆出愿意听取对方讲话的姿态来，有倾听别人言谈的诚意，别人才会愿意听你讲话。

交谈的话题应该视对方的情形而定，再好的话题，若不能符合对方的需要，也无法引起对方的兴趣，最好是想办法引出彼此共同的话题来，才能聊得投机，然后再设法慢慢地把话题引进自己所要谈论的范围里。

所以，为了让客户对你产生好感，销售员必须言语和善，讲话前先斟酌思量，不要想到什么说什么，这样易引起对方反感。那些心直口快的朋友平时要多培养一下自己深思慎言的作风，切不可像随时吐痰似的不看清周围是何处就脱口而出，那样会影响到自身的形象。

6.客户在说话时，千万别打断

不随意打断客户的话，认真聆听方可让自己的产品有被选购的希望。聆听的要旨是对某人所说的话"表示有兴趣"。如果发言者谈论的内容确实无聊且讲话速度又慢，我们可以转变自己的想法，聆听这场谈话或多或少都可使自己获益，更体现了对客户的一种尊重。

我们经常会遇见这样一个场景，客户常常会一下子拿起很多种产品的介绍单，然后拿着它们比来比去。销售员会想，这些客户真的很懂行吗？从外表上看是的，但是认真思考后我们就会发现他们要么不懂行，要么就是无知——最起码他们没有想清楚自己到底需要什么样的产品。此时，如果你咄咄逼人，只会将客户推向你的竞争对手。

多数时候，客户滔滔不绝地说话是一种表现欲的展现，如果你处理不好，就会满盘皆输。在销售中，有一些销售员想靠努力表现自己的聪明才智来赢得客户的好感，其实这是再拙劣不过的方法了。一位心理学家说："如果我们想树立一个敌人，那很好办，我们拼命地超越他、挤压他就行了。但是，如果我们想赢得一个朋友，就必须得做出点小小的牺牲，那就是让朋友超越我们，在我们的前面。"其实这个道理很简单，那就是每个人在他人面前都想满足自己的表现欲。表现欲人人都有，我们的客户也不例外。能够了解客户的这种心理会给我们的销售工作带来很大的帮助。

客户在说话的时候，我们不能随意打断。在销售中我们会发现，一旦我们给客户施展的机会，认真聆听他的讲话，满足他的表现欲，他就会不自觉地对我们产生好感。但是当我们超越于他之上时，他内心便会感到不舒服，有的甚至会产生嫉妒心理。所以，销售员在销售过程中一定要注意这一点，并借助客户的表现心理来赢得订单。

尤金·威尔森向一家设计花样的画室销售草图，以服装设计师和纺织品制造商为销售对象。有一位客户令威尔森感到很头痛，他是纽约一位著名的服装设计师。一连三年，威尔森每个礼拜都会抽时间去拜访他。

"他没有一次拒绝我，并且每次接见他都很热情，"威尔森说，"但是他也从来不买我销售的那些图纸，他总是很有礼貌地跟我谈话，还很仔细地看我带去的东西。可到了最后总是那句话："威尔森，我看我们是做不成这笔生意的。'"

无数次的挫败之后，威尔森开始反省自己在销售过程中哪里出了问题，最后他得出的结论是自己太墨守成规了。他太遵循老一套的销售方法：一见面就拿出自己的图纸，滔滔不绝地讲它的构思、创意、新奇在何处。对于这些，客户早已听得不耐烦了，完全是出于礼貌才让他讲完的。威尔森认识到这种销售方法已太落后，需要改进。于是他下定决心，每个星期都抽出一个晚上去看心理学方面的书，了解在人际交往中人的种种心理，学会更多的处世哲学。

过了不久，威尔森想出了对付那位服装设计师的方法。他了解到那位服装设计师为人比较自负，别人设计的东西他大多看不上眼。于是他抓起几张尚未完成的设计草图来到那位服装设计师的办公室。

"鲍勃先生，如果您愿意的话，能否帮我一个小忙？"他对服装设计师说，"这里有几张我们尚未完成的草图，能否请您告诉我，我们应该如何把它们完成，才能对您有所用呢？"那位服装设计师仔细地看了看图纸，发现设计人的初衷很有创意，就说："威尔森，把这些图纸留在这里让我看看吧。"

几天过去了，威尔森再次来到他的办公室，服装设计师对这几张图纸提出了一些建议，威尔森虚心地用笔记下来，然后回去按照他的意思很快就把草图完成了。结果服装设计师大为满意，全部接受了。

从那以后，威尔森做销售时总是先问买主的意见，虚心向买主请教，然后再根据买主的意见设计图纸。那些买主对威尔森的图纸非常满意，因为这相当于是他自己设计的。就这样，威尔森从中赚了不少的佣金。

威尔森用漫长的三年时间来拜访这位服装设计师都没有取得成功，就在于他以前总是只顾自己"表现"，忙于告诉客户草图的设计如何新颖，如何适合他，却没有给客户说话的机会。威尔森不断地催促对方来买他的产品，却从来不管对方的想法，不知道对方想说什么。而服装设计师是一个很自负的人，他对别人设计的草图自然会百般挑剔，也就理所当然地拒绝了威尔森的销售。当威尔森改变了销售策略，虚心向客户请教意见，按客户的意思去改进产品，这样就使客

冠军销售员都懂的成交心理学

户有了优越感，满足了客户的表现欲，也无法拒绝包含客户自己的设计在内的产品了。因此，威尔森的销售工作就变得容易多了。

所以说，销售员在销售过程中一定要谦虚，尽量把表现的机会留给客户，让客户给我们多提一些宝贵建议，变"我要卖"为"他要买"，这样才能更有利于我们的销售。

在与客户沟通的过程中，假如客户善于表达，销售员就不要随意打断对方说话，并要在客户停顿时给予积极的回应，如夸奖对方说话生动形象、富有幽默感等，或者在对方停顿时表示赞同，证明自己在认真倾听。如果客户不善言辞，就不要只顾自己滔滔不绝地说话，而应该通过引导性的话语或询问来让客户参与到沟通当中。

在与客户交流的时候，销售员可以在适当的时候，以恰当的提问提出异议。切记：千万不要打断客户的话。

7.受到客户打击，也别流露出气愤

做销售工作，受打击是在所难免的事情，但你的气愤情绪一旦流露出来，只能将你的客户推得更远。忍让与业绩成正比，销售员要想做好销售，必须学会忍耐。培养这种能力是很重要的，销售员既要在心理素质上具备这种能力，又要在工作当中具备这种能力，这是成为一名优秀销售人员必须具备的素质。

在销售工作不顺利的时候，销售员经常会遭受来自客户的打击，心情多数会跌落到谷底。但销售员该如何应对呢？有人选择了气愤反击，结果是生意谈崩了；有人选择了忍耐，等客户气消了，再向其推销。总之，你的愤怒情绪外露只能为你的推销工作雪上加霜。

推销工作包括重要日常事务和各种突发事件。作为销售员，有时觉得好像活在天堂，有时又觉得仿佛身在地狱。刚才还在和上一位客户热情地交谈，此刻却吃了下一位客户的"闭门羹"。不论是谁，当销售遇到阻碍时，心里一定感到很窝火，为了发泄心中的不快，有时难免发几句牢骚，甚至气愤地大骂，或是摔打东西。而这样做的后果，往往是导致自己心情更糟糕，说得严重一点，这样的脾气将会让你的销售事业提前终结。因此，销售员务必要学会控制自己的情绪，遭受来自客户的打击时要学会忍耐。

受打击后，销售员要理性地处理自己的情绪，工作才能得以顺利开展。人们在控制自己的情绪方面非常容易走极端，有的人消极悲观、妄自菲薄，有的人盲目自大、自以为是。这些情绪出现在销售工作中都是非常有害的。妄自菲薄只能让销售员陷入泥潭，盲目自大则会让销售员滑向失败的深渊。

客户在打击我们的时候，我们不妨暂缓一下工作，等客户气消了，我们再去做解释和开展工作，也许效果会好些。反之，客户生气时，我们也发无名火，这种举动只能让客户关系更加糟糕，严重影响我们的销售效果。

日本"推销之神"原一平刚进入保险公司，就向一家大型汽车公司推销企业保险。可是他听说那家公司一直以不参加企业保险为原则，无论哪个销售人员都没能打动公司总务部长的心。而原一平连续两个月去拜访这位总务部长，从没

——冠军销售员都懂的成交心理学

有间断过，最终总务部长被原一平的这种精神打动了，决定见他一面，要看一下他的销售方案。但没想到他只看了一半就对原一平说："这种方案，绝对不行！"原一平回去后对方案进行了反复的修改。

第二天，他又去拜访总务部长。可是，这位部长却冷淡地说："这样的方案，无论你制订多少都没用，因为我们公司有不参加保险的原则。"原一平听了气往上冲，对方说昨天的方案不行，自己熬夜重新制订方案，可现在又说拿多少来都没用，这不是在戏弄人吗？但是，他转念一想，我的目的是推销保险，对方有所需，自己的保险对其有百利而无一害，这单生意完全有可能成交。于是，原一平冷静下来，说了声："再见！"就告辞了。这以后，他仍坚持游说这位部长，一天又一天，一次又一次……终于，原一平凭着自己的忍耐力，促使对方签订了企业保险合同。

面对来自客户的打击，原一平的忍耐很好地处理了生气的情绪，使他练就了超强的心理素质，也最终赢得了客户的赞赏，赢得了业绩。一般来说，销售员在与客户交往时要有一种自控、忍让的能力和观念，但这绝不意味着放弃和退缩。要做到既忍让又不失原则，就必须做到反应灵敏，事先多制订几个方案，做到有备无患，在客户生气的时候，我们就能灵活应对。

那么，作为一名渴望获得成功的销售员，当我们遭遇客户打击的境遇时，究竟怎么做才能控制自己的情绪呢？

一、提醒自己将情绪化降到最低

遇到客户的打击，不妨先自我鼓励下。比如，非常畏惧明日去拜访的客户，我们可以告诉自己："我害怕拜访那位刁钻的客户，但是我会努力做好的。"当我们自我鼓励时，就表明我们承认自己有情绪，同时自己要努力调整好情绪。这时我们会发现，害怕刁钻客户的情绪消失得无影无踪了。

二、快速平息内心的波澜

对于销售员来说，拜访那些难缠的客户难免情绪激动，通过转移注意力可以达到这一目的。比如，可以翻阅杂志或相册，从而使头脑保持镇静；也可以把注意力集中在一个比较中意或崇拜的人身上；或者花几分钟时间回忆一下开心的往事；还可以在脑海中构思美好的明天。另外，还可以借助音乐来调节情绪。

所以，销售员在客户面前应努力驾驭自己的情感，控制自己的脾气，即使是客户大发雷霆，自己也要克制自己的情绪，努力克服自己习以为常的行为习惯，征服自己的动机与意念。优秀的销售人员之所以优秀，就是因为他们都能驾驭自己的情感。如果说生活的前沿阵地上，我们面对的是失败、挫折等形形色色的客观敌人，那么在后方，我们面对的却是主观上的敌人，那就是脾气。你也许从小到大都认为，自己的情感是无法选择和控制的。作为一心渴望成功的销售员，被批评、拒绝、指责、误会在所难免，总有好多事情让你不由自主地忧愁、愤怒，这是由销售人员这个职业的特点决定的。假如你想在销售上取得成功，那就必须做到"忍字当头"，冷静处理种种事端，包括来自客户的打击。

冠军销售员都懂的成交心理学

8.言辞要谦和，尊重之意适时表露

沟通要有艺术，说话要有技巧。如果销售员在言谈中不知道忌讳，就会造成失败；不知道所宜，就会造成停滞。人贵有自知之明，销售员要明白自己在客户心里的地位，需要永远记住一条——你不是客户的领导，你无权对客户指手画脚、下命令或下指示，你只是一个产品销售员。而你的言辞谦和并加尊重之意，会让你的业绩不断得到提升。

你尊重客户，客户才会尊重你。心理学家马斯洛认为：人有受到他人尊重的需要。人人都希望自己能够得到他人的认可和尊重，客户也不例外。

销售员常说，客户是我们的上帝，事实上，客户也认为自己是上帝。尤其是现在处于买方市场，供大于求，所以面对众多可供选择的产品与服务，客户特别看重销售员对自己是否足够重视与尊重。

世界上最伟大的汽车推销员乔·吉拉德说过："我们的客户也是有血有肉的人，也是一样有感情的，他也有受到尊重的需要。所以，销售员如果一心只想着增加销售额，赚取销售利润，冷淡地对待你的客户，那么很抱歉，成交免谈了。"

你的言辞谦和，会让客户对你刮目相看，才可在社交场合及一些工作场合中吸引别人的倾听。你总要使别人在听你说话的过程中有一些收益或是产生共鸣，这样的说话才是成功的，而别人也才会乐意听你说话，与你交流。同理，一位出色的说话者一定是一位特别擅长沟通的人，他们谦和的说辞可以引得客户的好感。俗话说："出门看天色，进门看脸色。"在说话时更要学会看他人听你说话时的表情，以便适时地改变自己说话的内容、语气等等，千万不要自说自话，这是最不成功的说话。

有一次，乔·吉拉德去拜访一位客户，与他商谈购车事宜。在拜访过程中，一切进展顺利，眼看就要成交，但对方突然决定不买了，这让乔·吉拉德百思不得其解。

到了晚上，乔·吉拉德仍为这件事感到困扰，他实在忍不住就给对方打了个电话。

"您好！今天我向您推荐那辆车，眼看您就要签字了，为什么却突然不要了呢？"

"喂，乔·吉拉德，你知道现在几点钟了？"

"真抱歉，我知道是晚上11点钟了，但我检讨了一整天，实在想不出自己到底错在哪里，因此冒昧地打电话来请教您。"

"真的？"

"肺腑之言。"

"很好！你是在用心听我说话吗？"

"非常用心。"

"可是，今天下午你并没有用心听我说话。就在签字前，我提到我的儿子即将进入密歇根大学就读，我还跟你说到他的运动成绩和将来的抱负，我以他为荣，可你根本没有听我说这些话！"

听得出，对方余怒未消。但乔·吉拉德对这件事却毫无印象，因为当时他确实没有注意听。话筒里的声音继续响着，"你根本不在乎我说什么，而我也不愿意从一个不尊重我的人手里买东西！"

这次推销让乔·吉拉德懂得了尊重客户的重要性。从此，他牢记这次的教训，发自内心地去尊重他的每一位客户，结果取得了意想不到的收获。

尊重客户，尤其表现在认真倾听对方的说话上，对客户适当地恭维和客套，能让客户得到心理上的满足和受尊重的感觉，这对你的销售是有百益而无一害的。要做到对客户的言辞谦和，我们需要注意以下几个方面。

一、无端质问，让客户产生反感

销售员与客户沟通时，要理解并尊重客户的思想与观点，要知道人各有所需、各有所想，不能强求客户购买你的产品。客户不买你的产品，自有他自己的想法，销售员切不可采取质问的方式与客户谈话。比如，有的销售员见客户无意购买产品或对产品提出异议，就马上"逼问"客户："您为什么不买这个产品？""您为什么对这个产品有成见？""您为何说我们公司的产品不如竞争对手的呢？""您有什么理由说我们公司服务不好？"以质问或者审讯的口气与客户谈话，是销售员不懂礼貌的表现，是不尊重人的反映，最伤害客户的感情和自尊心。

二、不要当面批评

销售人员在与客户沟通时，如果发现他身上有某些缺点，不要当面批评和教育他，更不要大声地指责他。要知道批评与指责解决不了任何问题，只会招致对方的怨恨与反感。与客户交谈时要多用感谢词、赞美语，少说批评、指责的话，要掌握好赞美的尺度和批评的分寸，恰当地赞美、巧妙地批评。

三、指示命令，让客户觉得你太高傲

销售员在与客户交谈时，应微笑多一点，态度和蔼一点，说话轻声一点，语气柔和一点，采取征询、协商或者请教的口气与客户交流，切不可使用命令和指示的口吻与客户交谈。

第四章
为客户做准备，将产品打造得美轮美奂

　　产品是销售的根基，销售员唯有熟悉自己的产品，做好充分的准备，才能够在客户面前将其展现得美轮美奂。销售员要根据客户的心理变化来介绍产品，还需学会问"有效的问题"；在展示资料时，懂得信息的"有效呈现"；客户心理发生变化了，要果断调整介绍的重点，切合客户的心理需求，这样才能使每次销售拜访都会有所收获。可以说，能够有针对性地介绍产品，才能真正把握客户的内心，从而获得客户的青睐。

1.产品介绍要一目了然

精心准备你的产品说辞，使其呈现得异彩纷呈，客户就更容易接纳你。在销售过程中，当确定了客户的需求后，销售员虽然可以针对这些需求与客户进行交流，但是还达不到销售沟通的目的，这就需要销售人员巧妙地变换自己的说辞。

销售过程中，销售员要做的一个重要环节就是介绍产品。当销售人员像背诵课文一样介绍自己产品的相关信息时，假如千篇一律地习惯于一个套路的说辞，极易引起客户的反感。当停止介绍希望从客户那里得到一些反馈信息的时候，通常会发现客户根本就没有开口说话的意思，他们唯一想说的就是"希望你立即离开"。可见，一套精彩的说辞对销售员来说有多么重要。

一样的产品，经过你不一样的说辞介绍后，客户的反响是不一样的。销售是一种对客户需要的欲望的导向，正是由于这种导向，进入"营销"时代后，打好"理念战""心理战"是完成销售的必经战役。这就要求我们对客户心理要有完善的把握，了解客户的需求，在最大限度上满足客户的需求，并且引导客户发现自己所没有发现的需求。精心准备多种产品的说辞，客户在获得新鲜感的同时更容易接纳你。

冠军销售员都懂的成交心理学

以下是销售人员小张在每次约见客户时都会说的话：

销售人员小张："你好，我是××公司的销售人员，这是我们公司新推出的产品，它坚固耐用、外形美观，十分适合你。"

客户："我们不需要这种产品。"

销售人员小张："你先看看产品资料好吗？"

客户："我现在非常忙，没有时间看你的产品，请你马上离开这里。"

平淡无奇的销售说辞只能让自己陷入被动，上述销售说辞我们看起来是不是觉得非常熟悉呢？实际上，实现与客户互动的关键是要找到客户的切入点，从客户喜欢的切入点入手，然后再介绍产品就相对容易了。

产品介绍平淡乏味，根源在于销售员自身。有些销售人员往往习惯于站在自己的立场上考虑问题，希望一股脑儿地把有关自己所销售的产品的信息迅速灌输到客户的头脑当中，却根本不考虑客户的需求。这种完全着眼于自身愿望的销售沟通注定要经历很多波折，因为客户往往会打断你的话，让你"立即离开"，即使客户允许你说完那段令人厌烦的开场白也不会在心里留下什么印象。

所以，在销售过程中，销售人员应该多思考"怎么样才能更直观地去把握客户的心理"，而不是仅仅凭经验或者想当然去做工作。由于客户心理本身是一个发展的、动态的过程，所以在销售中绝不可能只看销售业绩就自认为对客户心理已经有所了解。你可以尝试下述语言：

"猜猜看！"

"这是一个小秘密！"

"告诉您一件神秘的事！"

"今天我告诉您的事情是古往今来没有一个人告诉过您的。"

上述这些新颖的说话方式就很能吸引客户。新颖的说话方式能博得客户对你和你的产品的好感。人都有一个喜新厌旧的心理倾向，在销售这种非常需要口才的行业里，假如你还整天一本正经、陈词滥调，会让人觉得莫名反感。多关注一些热门话题、学习一些文学修辞和心理学方面的知识会让你的销售如虎添翼。

在销售交往的过程中，销售人员经常需要准备多种销售说辞，有的是为自己准备的，有的是为培训销售人员而准备的。那么，一套真正有效的销售说辞应该是怎样的呢？

一、认真分析自己的产品

销售人员要把产品的各种属性都分析清楚，并且结合竞争对手的产品作相应比较。销售人员可以用"划格子"的方法，在一张表格里面把自己的产品和竞争对手的产品放在一起，对各个方面进行比较，重点是客户关心的价格、功能、配置等属性。只有把这些都搞清楚了以后，在实际工作中才能够做到知己知彼、扬长避短。

二、归纳总结出客户的利益点

对自己的产品分析之后，就要进行再次提炼和总结，把产品特点转化为自身优势，进而转化为客户利益并找出实实在在的证明。这里的证明既有权威部门颁发的证书，也有实际验证的结果，还包括其他消费者使用产品的故事，讲故事尤其是一种打消疑虑的很有效的方法。

三、把握市场行情动向

整合市场工作往往是很多销售人员最容易忽略的，但在跟客户打交道的时候表现出自己的专业性是必不可少的。销售人员只有在对整个市场有了整体把握以后，在跟客户交流的时候才能够思想碰撞迸发火花。

四、将经验落实到文字上

销售人员要把以上各个方面多做总结，深入分析之后落实成具体文字，才真正有了自己的一套销售说辞，在与客户打交道的时候才会胸有成竹，兵来将挡、水来土掩，不慌不忙地应对自如，最终帮助自己达成销售的目标。

五、在实践中进行总结、调整

销售是实战功夫，只有不断地总结才能够不断地提高，尤其是与客户交流时候的情绪控制、语速语调等都是销售说辞编写中应该有而又难以把握的东西，这都需要在销售实战中不断地总结完善。

总之，销售员在与客户沟通的时候一定要注意细节，不能只强调产品有多好，还要懂点心理学，会察言观色，研究客户的真实心理，用最适合客户口味的语言表达出来，让客户百听不厌，从而迎合客户的需求，达到签单销售的目的。

2.心中设定讲解模块，分清主次

销售员一定要熟练掌握自己产品的知识，并能够在给客户讲解的过程中设定模块，分清主次。只有条理清晰、利害分明的讲解才会赢得客户的好感。如果我们对专业知识一知半解、似懂非懂，那么客户就会对我们将信将疑，不敢签单。

在销售时，一些销售员只会重复地强调"我们公司的服务很好""我们产品的价格很便宜"，当客户开始询问一些关于产品的专业知识时，销售员便开始支支吾吾。之所以会出现这种情况是因为他们要么是根本不了解自己的产品，仅仅是将说明书背下来；要么就是对产品一知半解、似懂非懂，稍被客户一问，就不知该怎么回答了；甚至还有一些销售员只想借助产品的名气去销售，这样的结果可想而知。

美国通用公司的采购部经理泰勒曾经这样说："我喜欢和那些充满活力、能准确地说出他销售的产品中有哪些是我所需要的，能够明白无误地介绍自己的产品的销售员做生意，我从来不会怀疑这样的销售员。"所以，销售员只有做到在客户面前像专家一样了解自己的产品，客户问什么，自己能马上回答出来，才能使客户对我们以及我们的公司产生信赖感，才能将产品顺利地销售出去。

小蔡是一家重型机械企业的销售员，有一个客户想向他们公司采购一批液压系统，其中液压缸需要两种连接方式，正好小蔡的公司完全可以生产这种设备。于是小蔡马上就和客户说没问题，并且没过多久就给出了报价。因为这套设备有许多配件，所以客户对小蔡居然能这么快就给出报价感到很吃惊。然后客户又发过来一张图纸，是一个简单的产品外形图，要求小蔡公司按照样图给出详细的设计图纸。

在等待工程人员绘制图纸的过程中，客户询问了小蔡很多关于液压系统和液压缸方面的专业问题，例如举升重量、Bar和压力之间的换算等，小蔡都耐心地一一作答。客户对他的回答很是满意，并且坦然地说在这之前也接触过其他几家公司，但他们的销售员只能给出报价，一说起技术方面的问题就开始支支吾吾，只会说自己的产品质量高、服务好，令他很失望。

等小蔡把图纸传给客户之后，客户表示很满意，只是认为价格有点高。于是小蔡又向客户解释："现在的原材料一直在涨，但我们公司液压系统的价格不但没上涨，相反还给您降低了一点。"然后，小蔡又列举了这套产品的优点和特色等。经过一番交流，客户最终满意地与小蔡达成交易。临挂电话的时候，客户还一再夸赞小蔡的专业知识扎实。

在这个案例中，销售员小蔡正是凭借着扎实的专业知识赢得了客户的信赖。所以，销售员必须熟练掌握必备的专业知识，只有这样，在面对客户的提问时才能游刃有余，工作起来才能更加有信心，与客户谈判才能掌握主动权。

在开始找客户时你首先要做的工作是把自己要推销的产品摸索透，要尽量多地去掌握产品的一些知识，因为这些知识都会帮助你克服在业务工作中遇到的困难。试想一个对自己产品不了解的人如何去说服别人购买你的产品呢？所以在开展业务工作的开始你首先要把自己的产品了解清楚，比如产品名称、产品种类、使用方法、产品特征、售后服务、产品的交货期、交货方式、价格及付款方式、生产材料和生产过程，也要了解一下同行产品及相关的产品。做完这些工作你就可以去跑业务了，掌握了这些知识你的业务工作做起来就会事半功倍。

一、有关客户的基本资料

就是我们跟踪的是什么样的客户？规模多大？员工有多少？一年内大概会买多少同类产品？企业的消费量、消费模式和消费周期是怎样的？其组织机构是什么样的？我们所拥有的通讯方式是否齐全？客户各部门情况我们是否了解？客户所处的行业基本状况如何？该客户在该行业中所处地位及规模？并根据客户的自身变化，进行适当的动态管理。

二、有关的项目资料

项目信息是我们开展销售工作的关键因素，在对客户实行战略规划时，假如对客户项目缺少基本的了解，后面的交流合作就无从谈起。客户最近的采购计划是什么？通过这个项目要解决的问题是什么？决策人和影响者是谁？采购时间表、采购预算、采购流程是否清楚？客户的特殊需求是什么？

销售人员对客户的了解不仅仅限于有无购买需求，还需要多方面、全方位地了解。了解客户的信息越多，就越容易把你的产品卖给对方。但对于客户各方面信息的了解不能太直白地发问，这种单刀直入的方式会让客户顿感压力，觉得你别有用心从而对你产生抵触心理。

3.突出产品的价值，显示其独一无二的优点

作为销售员，一定要清晰地认识到"王婆卖瓜"的自夸式是没有用的，只有客户认可我们的产品才是关键的、重要的，这就要求我们要围绕价值做充分的展示。很多销售员错误地认为其工作就是把产品卖掉、达成交易，其实不然，销售员的工作本质是进行充分的展示，显示我们产品独一无二的优点。

客户经常会接到很多推销的电话，与很多销售员进行面谈，沟通和了解产品，但作为一个销售人员，你在给客户介绍产品特点的时候，是否能给客户留下一个非常深刻的印象，还是和大多数普通的销售人员一样，使客户听完你的介绍就忘记了，有一个非常重要的因素就是向客户介绍产品特点的方法和技巧。

向客户展示我们产品的优点并促成销售是销售员的职责所在。向客户介绍产品的特点和优势，是销售流程中非常重要的一个环节，但是，很多销售人员在给客户介绍产品的时候总是感觉给客户讲了很多自己产品的特点和优势，结果并

没有给客户留下一个好的印象，甚至有时候还会遭到客户的反问而无言以对，很是苦恼。假如还以低于价值的价格把一个产品、一笔业务成交，也是失败的，销售员是失职的。

有一个小规模的食品公司，他们的生产资金只有十几万，但老总却很有信心，在单位的文化墙上写着要做这座城市辣酱第一品牌的豪言壮语，时刻激励着员工们的信心。辣酱上市之前，老总寻思着给辣酱做宣传广告。他本来想在这座城市某个热闹的街头租一个超大的、显眼的广告牌，打上他们的产品广告，让所有从这里走过的人都一下子能注意到它，并从此认识他们的辣酱。

但是当他和广告公司接触后，才发现市中心广告位的价格远远高出他的想象，他那小小的企业承担不起这天价的广告费。

可是他并没有失望，而是不停地到处打探。经过反复寻找，他终于看好了一个城门路口的广告牌。那里是一个十字路口，车辆川流不息，但有一点愤憾就是路人行色匆匆，眼睛只顾盯着红绿灯和疾驰的车辆，在这里做广告很难保证有很好的效果。打听了一下价格，才几万元，老总很满意，于是就租了下来。

对于老总的这个举措，员工们纷纷质疑，但老总只是笑而不答，仿佛一切胸有成竹。

旧广告很快撤了下来，员工们以为第二天就能看到他们的辣酱广告了。然而，第二天，员工们看到广告牌上面赫然写着："好位置，当然只等贵客。此广告位招租，全年八十八万。"

天价招牌的冲击力毋庸置疑，每个从这里路过的人似乎都不自觉地停住脚步看上一眼。口耳相传，渐渐地，很多人都知道了这个十字路口上有个贵得离谱的广告位虚席以待，甚至连当地报纸都给予了极大关注……

一个月后，"爽口"牌辣酱的广告登了上去。

辣酱厂的员工们终于明白了老总的心计，无不交口称赞。辣酱的市场迅速打开，因为那"全年八十八万"的广告价格早已家喻户晓。"爽口"牌辣酱成了这座城市的知名品牌。

老总把原先的口号擦去，换成了要做中国第一品牌的口号。一位员工问他："我们还不是这个城市的第一品牌，为什么要换呢？"老总意味深长地回答说："价值只有在流通中才能得以体现，但价值的标尺却永远在别人手中。别人永远不会赋予你理想的价值，你必须自己主动去做一块招牌，适当地放大自己的价值！"

案例中食品厂的老板巧妙地将自己的产品放大了价值，将自己独一无二的优点最大化地向公众展现了出来，并最终达到了很好的销售效果。

销售员肯定会经常遇到这样的情况：在最初的交流、沟通中，客户都很客气，可在报完方案和价格后，他们要么说价格太高而迟迟不购买；要么既不说方案不好也不说价格高，但就是不行动；来到店里也只是看看、问问，不行动。客户的这些态度和行为让销售员很被动，也很费思量：问题出在哪儿了呢？其实，出现问题的原因不是方案或产品，也不是价格和服务，而是因为销售员没能把自己产品独一无二的优点展现给客户。

销售员向客户介绍自己产品的特点和优势时该怎么做呢？

比如销售员可以根据客户最关心的问题有针对性地介绍。客户最关心的问题是产品的"防雷特性"，而销售人员却向客户大讲特讲产品的"操作便捷性"，在没有确定客户最关心的产品特点之前，就开始根据自己的想法介绍产品，很容易出现牛头不对马嘴的情况，客户会对你的介绍毫无兴趣，甚至会认为你是一个不识时务的销售人员，后果可想而知。

销售员还可以做产品的性价比介绍，让客户满意自己的选择。由于深度买方市场的形成和长期激烈的竞争，再加上不少价格战的成功和受益，让销售员认识到客户最在意的就是价格，以至在销售或业务的洽谈中习惯依赖于用价格"搞定"客户。我们不否认有一类客户是价格取向型的，但大部分客户与我们讨价还价是因为他们认为我们的产品不值，如果销售员能将产品最优的性价比展示出来，效果也许会更好。

4.寄送样品为成功拜访做好铺垫

为了使拜访卓有成效，销售员经常给客户寄送样品，用以辅助销售。寄送样品几乎是交易的必要阶段。样品的好坏，甚至关系到这桩生意能否做成。寄送样品应做到六个字，即"正确、质优、快速"，通过这样的方式可以成功地为销售员的拜访做好铺垫。

寄送样品几乎是销售交易的必要阶段，样品也成为使客户增进了解产品的有效途径。在拜访新客户之前，先寄送样品不失为一个提高拜访成功率的方式。一方面，销售员不至于因为唐突拜访而吃闭门羹；另一方面，公司也通过寄送样品为自己做了宣传，提高了知名度。很多优秀的销售员就是通过及时为客户寄送样品及相关产品信息而获得拜访的成功的。

　　小曹是一家外贸公司的销售员，他在浏览电子商务网站时发现了一家外国公司正在求购中国手工艺品。小曹以前在业务中接触过手工艺品，对此比较了解，他敏感地察觉出这是一个很好的销售机会。于是他马上准备好样品，然后做了一份比较详细的产品资料和市场情况报告，整理好后寄给了这家公司。

　　小曹还向这家公司发出电子邮件，向外商申请自己作为外商代理向中国的生产企业询价，并要求对方让自己去拜访他们在中国的分公司。

　　几天以后，小曹接到外商回件，客户很认可小曹的样品及产品资料，并安排中国分公司的工作人员与他接洽。因为外商总公司的认可，小曹在首次拜访客户时很顺利地与客户达成了协议，客户支付了合同金额的2.5%作为他的佣金。

　　这位销售员获成功的主要原因在于其成功地发挥了样品的重要性。因此，寄送样品是我们在拜访之前必须要做好的一件事，那么，怎样寄送样品才能吸引客户的注意力呢？一般来说，我们可以从以下几方面着手。

一、样品及资料要完备

　　销售员需要明白的是，我们寄给客户的不仅仅是一个样品，更代表着公司的形象，样品是否完整，资料是否齐全，都能够让客户了解到我们公司的品质及态度。客户如何相信一个连样品都做不好的公司会做出上等的产品呢？又怎么会放心把订单交给我们呢？所以我们寄出的样品一定要是完美的产品，要经过工程部测试，并附上测试报告，还要附上产品说明书一份、详细的产品承诺书两份（其中一份是准备给客户回签的）、名片若干张（确保客户公司的采购部或工程部都有我们的联系方式）。

二、在样品上写上自己的联系方式

一些销售员可能会担心这样做会影响样品的外观，但这样做可以让客户在确认样品的过程中只要一拿起样品就会看到我们的联系方式，加深客户对我们的印象，同时方便客户想联系我们时能及时地取得我们的联系方式。特别是一些公司会用我们的样品去装样机或交给他的客户，这样还可以帮助我们更好地宣传，这是名片难以发挥的效果。

三、在样品里放些轻巧而实惠的小礼物

客户也是有感情的，当他收到样品后，发现我们送给他的小礼物，心里肯定会感动，从而对我们产生好感，对我们的样品也会格外关注。这样就为我们进一步的拜访做了很好的铺垫。

四、给客户提供些他想了解的其他产品及服务的材料信息

客户不仅需要采购我们的产品，他们也会需要其他相关产品，所以我们在寄样品的时候，可以在样品里放些其他相关产品及服务的资料，给对方带去额外的信息和帮助。比如我们销售的是布料，我们的客户是成衣厂，那么我们就可以在样品里放一些纽扣或是蕾丝之类的信息，当客户收到我们的样品后，一定会被我们考虑得如此周全而打动。

然而，并非所有样品都能起到很好的效果，有时在样品寄出去之后，等了很长时间客户都没有回音，这让销售员感到很着急。这类情况的出现可能是由于以下几个原因：

一、样品寄给的是经销商客户，而非最终的用户

经销商需要把样品提供给最终客户，用来给他们试用，或者用来展览。这样的客户，一段时间没有回复我们，可能是因为他也在等待消费者的回复。

二、客户对收到的样品感到不满意

假如是这样的话，我们应向客户及时了解情况，尽快更新产品。也可能是由于初次打交道，客户往往会把样品拿去检验。比如说纺织品，他会检查成分；如果是电器产品，就要求进行相关认证。遇到这种情况，由于买卖双方有着共同的利益，所以，我们可以多抱有一些希望。另外不妨多催催他，定期打个电话，也不会引起反感。

三、客户并非有意购买

当然不能排除有些客户可能只是收集样品作为购买参考，或者就仅是希望得到样品，并没有意向购买。有些可能还会找些借口应付我们，遇到这种情况就不要抱有太大的希望了。

尽管销售员给客户寄送样品是可以提高成功拜访率的好方法，但是样品是需要花费一定费用的，并且每个公司也都会对寄送样品设立一个标准，要求一个月不能超过多少金额。为了避免不必要的损失，销售员在决定向客户寄送样品时需要有选择性地寄送，不能普遍撒网。如果样品价值较高，那就要适当收取样品费用。但是我们可以向客户承诺，下单后退还样品费用。如果客户答应，就说明他们比较有诚意，一般成交概率也比较高。我们一定要给这样的客户认真制作好样品，只要样品质量能够达到客户的要求，我们拜访客户的时候接到订单的可能性就很大。如果客户不愿意支付费用的话，那么他们可能只是搜集样品，或者他们是我们的同行，只是想免费了解一下我们的情况罢了，因此我们也就没必要在这样的客户身上浪费时间了。所以，销售员要擦亮眼睛，仔细分析潜在客户，有选择性地寄送样品。

5.专业术语最好做一下解释

销售员不仅要做客户所需产品的提供者，还要做好客户的参谋，帮客户分析市场情况，作出正确的判断，从而争取最大化的利益。在用通俗语言进行介绍时要注意在关键问题上语言的准确性，不要给客户造成误导。

销售员要能用通俗的语言讲述专业问题，才会使销售更好地成交。销售的目的是让客户在听懂我们的介绍后购买产品，而不是卖弄自己的学问，所以销售员要能用通俗的语言讲述专业问题。并不是说销售员掌握专业的知识不好，而是说这些专业术语最好用在同行之间的交流之中，而不是用在和客户沟通的时候。

当所销售的产品涉及较多的专业知识时，销售员要想让产品介绍富有吸引力，能够激发客户的兴趣，刺激其购买欲望，就要讲究语言的艺术，用最通俗的语言将专业问题向客户解释得清楚明了。可是有一些销售员没有考虑到客户的感受，或是为了显示自己的专业水平，在介绍产品时满口的专业词汇，结果吓跑了客户。下面这两个案例中的销售员就犯了这样的错误。

小李在保险公司还没干上两个月，就处处以保险专家的身份自居，一上阵就一股脑儿地向客户炫耀自己是专家，在和客户交谈的时候，小李总是一张口就是一大堆专业术语，什么"豁免保费""费率""债权""债权受益人"等，把客户搞得一头雾水，并且很反感，拒绝也就变得顺理成章起来。可笑的是小李还沉浸在卖弄之中，丝毫没有意识到自己犯了销售中的大忌。

卖弄专业术语的小李最终将客户推离了自己，让自己的销售进程举步维艰。这样做是不足取的，销售员朋友一定要引以为戒在为客户出谋划策之前要确保自己的市场信息可靠，否则不要轻易给客户打包票。

王总的公司要搬到新的办公区，急需安装一个能够体现公司特色的邮件箱，于是让秘书去找家公司咨询一下。秘书拨打了一个电话，接电话的销售员听了秘书的要求，很诚恳地跟秘书小姐说："贵公司最适合CSI邮箱了，这种邮箱方便，实用，更能体现贵公司的企业文化！"一个"CSI"把秘书小姐搞得一头雾水，特意跑到总经理办公室去问了一下，王总也搞不懂。于是，秘书小姐又问这个销售员："麻烦你能说得详细一点吗？这个'CSI'是金属的还是塑料的，是圆形的还是方形的？"这个销售员对于秘书的疑问感到很不解，说："如果你们想用金属的，可以选择FDX，每个FDX还可以配上两个NCO。"天啊，秘书崩溃了，一个CSI还不算，竟然又冒出了什么FDX、NCO，简直是要人命！于是秘书只好无奈地对他说："再见，有机会再联系吧！"

有的销售员错误地以为专业术语能给自己带来专业的形象，可案例中的秘书小姐丝毫不买账，最终将销售员打发了。因此，销售员给客户介绍产品的时候语言越通俗越好，过多的专业术语反而会让客户有一种疏远甚至被愚弄的感觉。就像上面这两个案例中的销售员张口就是专业术语，如果客户听不懂我们的介绍，就不可能购买我们的产品。销售员在语言使用上要多用通俗化的语句，表达方式必须直截了当，让客户听得懂。只有这样才能达到有效沟通，我们的产品才能够顺利地销售出去。

不懂装懂害处大，销售员要想赢得客户的好感与信任，就要通过努力学习来提升自己的专业知识，而不能靠不懂装懂来欺骗客户。

一些销售员在销售时由于担心自己的无知会给客户留下不好的印象，所以在遇到问题时常常不懂装懂，其实这是十分不明智的做法。要知道，许多客户本身也是专家，或者是半个专家。他们在对某种产品产生需求时，都会尽可能多地去了解产品的相关信息。现在资讯发达，客户取得产品相关知识的途径也很多，也许他们懂的比销售员还要多。所以，在客户面前不懂装懂只会让客户觉得我们在欺骗应付他，这对我们的销售是没有任何好处的。

销售员在销售产品或服务过程中，如果确实遇到了自己不清楚的问题可以坦白向客户说明自己不知道，或者直接向客户请教，或者去咨询专家，承诺在最短的时间内帮助客户解决问题。更为重要的一点是，销售员在平时就应该对自己的产品有深入、透彻的了解，对产品或服务的相关信息要多多涉猎，使自己成为专家，尽量避免自己在客户面前露怯。

那么，销售人员应该如何做才能让自己成为产品专家，让自己能更加专业地介绍产品呢？

一、销售人员必须通过不断努力，多花一些时间去了解产品或服务，熟悉专业术语，将具体参数指标熟记于心，查阅相关的专业资料，彻底分析产品的每项细节及市场竞争对手，从而使自己成为所销售的产品的专家。

二、认真研究自家产品的所有特点与性能。只有这样，在介绍产品以及应对客户提问时才会显得非常专业，从而更容易获得客户的信赖。

三、不断地学习本行业的产品信息。要给自己树立一个目标，那就是熟知自己的领域，透过各种途径寻找、收集、整理相关的产品信息。可以到图书馆阅读相关的书籍，多看一些专业杂志；参加行业内的专业会议或座谈会；常常与专家交流以获取更多的信息；每个月花固定的时间去筛选并消化收集到的信息，按照顺序重新组合，不断更新自己的产品知识。

6.准备所需的资料，别慌乱无章

做好销售准备，会为你的推销增色不少。销售员在拜访前携带好产品资料，就不会在临场时慌乱无章。产品资料越丰富，且讲解透彻，客户对产品的认可程度就会越高，但是销售人员在给客户介绍的时候，因为时间的限制，不可能全部介绍给客户听，采取科学的方式也是必须的。

销售员拜访前，一定要将自己的产品资料检查一遍，并演练好产品的讲解说辞，熟悉自己的产品特点，同时尽可能多了解竞争对手的产品特点。将准备工作做好，才能稳操胜券。

熟悉自己产品的特点，同时了解行业竞争对手的产品的特点，是一个销售人员必不可少的素质和能力。所以销售人员一定要对自己产品和其他产品的优劣势有一个全面、客观的认识和评估，只有这样在给客户介绍自己产品优点的时候才能讲得头头是道，而且非常实在。如果能够在介绍自己产品优点的同时适当讲一些自己产品的不足，就会让客户更加认可销售人员是客观地在评估自己的产品，而不是光讲自己产品的优点却连一个缺点也没有，这样客户自然就会对销售人员产生信任。

销售拜访中，销售员如能预先警觉，预先将所需的资料、道具准备好，会为其销售增加成功的筹码。要知道，充分的准备是成功的一半。

克林顿·比洛普是美国CFB产品公司的总裁，在最初创业时，他曾经为康奈狄克州西哈福市的商会推销会员证。一次，他有幸通过朋友的介绍赢得了与一位商店老板约见的机会，可是这位商店老板却没有兴趣加入西哈福市商会。因为他的商店位于西哈福市的边缘，他觉得即使自己名义上是西哈福市商会的会员，但是由于地理位置太偏，顾客是很难知道和前去光顾的。既然如此，他认为自己完全没有必要花钱购买该商会的会员证。

克林顿·比洛普了解到商店老板的顾虑之后，试图通过自己的真诚和尊重说服对方，可是对方根本就不吃这一套。后来，克林顿·比洛普与他约定一小时之后再见面。一个小时之后，克林顿·比洛普拿着一个特大号信封出现了，然后他继续同商店老板进行沟通。

商店老板对他手中的大信封充满了好奇，终于在十几分钟后，商店老板忍不住问道："那个信封里到底装了什么东西？方便看一看吗？"原来克林顿·比洛普在大信封里装了一个印有西哈福市商会标志的金属牌，他告诉商店老板："只要将这个牌子挂在商店边的十字路口上，那么所有来这里购物的人们都会知道您的商店处于一流的西哈福区，而您则是西哈福市商会的一名尊贵会员。"

正如克林顿·比洛普所希望的那样，商店老板很高兴地同意了加入西哈福市商会，并且马上支付了商会会员的入会费。

在拜访客户时可借助一些资料和道具来辅助销售，这些道具既可以体现你的身份、气质和尊重客户的态度，也可以引起客户的好奇心，当然也可以为你提供许多便利。

销售员的包里的资料必须内容丰富。公文包的整齐除了有利于你在需要某些材料时迅速将之找到之外，还可以让客户感到你办事细心、可靠、有条理；而一个内容丰富的公文包不仅可以令你掌握更充分的信息资料，同时也能令客户充分感受到你对他的重视和关注。公文包除了要保持整齐和内容丰富之外，销售员还要注意根据形势的变化和客户的特点定期对公文包里的东西进行更新和整理，及时增加新内容，把那些不必随身携带的老材料妥善保存。

销售员在讲解产品的时候，总的来说就是要做到"扬长避短"，突出自己产品的优点，同时在介绍竞争对手产品无关紧要的优点时点出竞争对手产品的不足。

一、根据客户关心的问题要讲深、讲透

在给客户介绍产品之前，一定要了解清楚客户最关心、最重视的产品特点是什么，然后根据客户最关心的问题进行有针对性的介绍。千万不要尝试"一锅端"，希望把自己产品所有的优点都讲给客户听，那样做只能适得其反。

有的销售人员可能会有疑问，要是客户关心的问题不止一个怎么办？那就用举例的方式来进行介绍，可以围绕某个产品特点讲深、讲透，其他几个方面的产品特点只需要稍微点一下，告诉客户我们是用这种思路去设计我们的产品的，客户自然会去分析，认为既然你们产品的特点设计得不错，那其他产品特点也不

会太差。这样就避免了销售人员把所有客户关心的问题都加以介绍和说明，因为内容太多，客户反而会觉得印象不深刻，从而影响整体的产品优点的介绍效果。

二、介绍过程要简单、明了、思路清晰

组织语言的时候思路一定要清晰，先讲什么，再讲什么，销售人员的脑中要非常熟悉，尽量做到语言不多、重点突出、意思明了、条理清楚，这样客户听起来会很轻松，比较容易理解，同时记忆也比较深刻。切忌用长篇大论的方式，或者条理混乱，这样销售人员在讲的时候，客户就会觉得在云里雾里，抓不住重点。

每一点用尽量简短的几句话进行概括性的说明，这样客户就非常容易跟着销售人员的思路去听和记忆，销售人员讲完了，客户能记住的内容也相对比较多。销售员可通过举例介绍的方法讲解一个客户最关心的问题，同时要引导客户通过这个案例的介绍去了解自己公司在产品设计方面的理念，因为只有产品设计的理念是非常好的，才有可能把产品的各方面特点都做得不错。

销售人员充分准备好资料和相关的道具，才能在关键时刻一展身手。资料等工具的使用最终要让客户明白：我们公司就是用这种理念去设计我们所有的产品，我现在只是举例介绍了我们产品的其中一个优点，我们产品的其他方面也同样做得不错。这样介绍产品特点的整体效果就非常理想了！

7.预先了解客户，也能帮你完成任务

在销售活动的前期工作中，你认为哪一种是最重要、最具有竞争力的？那就是预先了解客户。产品再好，如果不能有针对性地销售给客户，客户也不会主动去购买我们的产品。了解客户的资料，采取最适合的方法去销售，他们多数会帮你完成任务的。

当我们带着产品去拜访客户的时候，有一项重要的准备工作是什么呢？有没有那种胜过单纯的介绍资料，并能在销售中取得优势、压倒竞争对手的方法呢？有，这便是客户个人资料。只有掌握了客户个人资料，才有机会真正挖掘到客户的实际内在需求，才能做出切实有效的解决方案。当掌握到这些资料的时候，销售员就预先了解了客户，销售策略和销售行为往往到了一个新的转折点，必须设计新的思路、新的方法来进行销售。

被誉为最伟大的推销员的乔·吉拉德曾说过："假如我们想把东西卖给那个人，我们就应该尽自己所能去搜集关于他的有利于我们销售的所有情报。不管我们销售的是什么东西，如果我们每天肯花一点时间来了解自己的客户，做好准备，铺平道路，那么，我们就不愁拜访不成功了。"充分了解客户的信息，掌握有关他的详尽资料，可以使我们在拜访中占据主动的地位，顺利地展开销售工作，取得的效果也会令人惊讶。

假如我们的客户是个人，那么销售员就可以从以下几方面着手来了解他的信息。

1. 姓名

人们对姓名非常敏感，假如销售员能够事先弄清客户的姓名，在拜访时准确地称呼对方，那么就会增加对方对我们的好感，给工作带来方便。

2. 籍贯

如果我们与客户是老乡，那么在拜访中，利用老乡关系来拉近与客户之间的距离会产生不错的效果。

3. 学历和经历

了解客户的学历或经历将有助于我们与其进行寒暄，使交谈气氛变得融洽。一位销售员了解到客户和自己一样，都曾在部队里当过话务员，于是当他和客户一见面，就谈起了收发报，双方谈得津津有味，最后在愉快的气氛中达成了交易。

4. 家庭背景

了解客户的家庭背景，投其所好，是不少销售员赢得成功的"杀手锏"。

5. 兴趣爱好

大多数人都喜欢听到赞美的话，了解客户的兴趣爱好，并对其加以赞美，可以收到意想不到的效果。一位销售员了解到客户爱好书法，于是他就先和客户就书法交谈心得体会，并赞美客户的书法水平高超，最后得到了订单。

相信在拜访之前，如果我们能对客户的以上信息有清楚的了解，并做好拜访的准备和计划，那么不论遇到的是多么固执的客户我们都有可能取得成功。

日本销售大师尾志忠矢曾向一位外科医生销售百科全书，而这个医生是尾志的同事们屡攻不下的一块"硬骨头"。

尾志事先对这位医生的情况做了一番了解，他知道医生的母亲在开澡堂，而这位医生本人对菠类植物很感兴趣。

当他去拜访时，一进门，医生就下了逐客令，但是尾志说："我刚从您母亲那里洗得干干净净才来，应该有资格和您谈谈吧？"这句话使医生收回了逐客令，允许他介绍自己的产品。

而尾志介绍他的百科全书时，专门带来的就是有菠类植物的那本，连翻开哪一页他都预先计划好了。

对客户了解得如此全面，并做好了如此周密的计划自然使尾志赢得了订单，攻下了这块"硬骨头"。

预先了解客户，会为我们的拜访增色不少，也会减少销售员诸多的麻烦，属于销售的一种捷径。如果我们的客户是团体的话，那么我们可以从以下几方面入手来了解他们的信息。

一、经营状况与信誉情况

销售员要了解对方公司的经营状况与信誉情况，不要与经营不善或不讲信用的单位打交道，否则，即使我们销售成功了也要为讨债而奔忙。所以，在拜访前我们要考察好对方的资金实力与信誉度。

二、采购负责人

我们要了解对方在做出购买决策时所涉及的关键人物有哪些，如发起者、影响者、购买者、决策者、使用者等，我们只要打通上述环节，成交就并非难事。

三、其他相关信息

为了获取销售的成功，销售员除了要了解以上信息外，还需要了解对方诸如企业名称、性质、规模、内部人事关系等方面的信息。

销售人员的压力是很大的，千万不能把非常有限的时间、费用和精力投放到一个错误的方向上，所以要了解客户项目的情况，包括客户要不要买，什么时候买，预算是多少，采购流程是怎么样的等等。总之，预先了解客户，才能为我们的产品增添光彩，知己知彼才能百战百胜。我们要充分了解客户的信息，为成功的拜访做好铺垫。

第五章
人脉即是财脉，主动布设潜在客户网

　　做销售的过程就是一个交朋友的过程，朋友做成了，销售就顺理成章地成交了。因此，销售人员拜访客户就是去"找朋友""交朋友"。认识陌生客户的渠道有很多，家庭聚会、各种网络俱乐部、兴趣沙龙、展览会等，只要有心，处处皆朋友。销售人员本着"先交朋友，后做销售"的宗旨去做，就不愁做不成销售。

1.先做朋友再谈销售一样可行

在销售的过程中，如果能够得到客户的认可变成了朋友，那么销售就变得很顺利了。销售开始时，需要双方坐下来真诚地谈判，只有在和谐的氛围中才会取得好的结果。在谈判中，销售人员要对客户表示出足够的理解和尊重，消除客户的抵触和怀疑情绪，使彼此的情感升级，从陌生人变成朋友，这样彼此才会更加顺利地进行交易。

销售员进行推销获得收益实质上就是建立人与人之间的关系，而销售人员同客户之间的关系并不是有些人想象的那样是对立的，只要把握好，两者应该是双赢、互利的关系。因此在销售的过程中，销售员要学会像对待朋友那样对待客户，从长远发展的角度考虑，使双方之间的关系更加融洽，销售活动才会变得更加顺利。

在很多销售人员的印象里，与客户谈生意就是为了赚钱，所以不必考虑太多，因此在有些时候，双方可以为一点点利益而拼得你死我活。实际上，这是极不明智的做法，因为相互争斗不仅会伤了和气，还会导致两败俱伤，不仅做不成生意，甚至还会结仇，而友好的商谈则可以让双方在和谐的气氛中构建良好的合作关系。

陈开善秉着"先交朋友再谈交易"的原则，做成了很多业务。他在第一次拜访甚至第二次拜访时一般都不谈业务，而是想方设法了解对方的兴趣和爱好，寻找共同的话题，充当一个忠实的听众、善解人意的朋友。在诚恳的交谈、不经意的话语中，让客户敞开心扉，热忱相待。

　　他有一次去拜访一家公司年轻的女经理。陈开善想：女强人往往是很难相处的，得小心。当陈开善做完自我介绍后，那女经理淡淡地说："对不起，我恐怕帮不了你，我们已经在银行开户了，别的服务暂时我们还不需要。"陈开善马上接话："余经理，我今天来并不是想和您谈业务，我只是慕名而来，向您学习讨教，希望也能成为像您一样成功的人。"陈开善知道，一般年轻人，特别是年轻的女性，都愿意别人提起她的成功，她的辉煌。果然不出所料，听了这话，对方虽没明显表露什么，但还是不经意说了一句："我能有什么值得你学习的呢？"陈开善知道可以进一步沟通了，便说："如果方便的话，我想请教你的成功之道。人们常说：做女人难，做一个成功的女人更难。你是怎么看的呢？"女经理不由想起了自己的奋斗史、成功史，脸上露出一丝不易察觉的得意之色，话也像打开了闸的河水，滔滔不绝。陈开善不时地点头，流露出羡慕和敬佩的表情。等女经理说完，两人自然就亲近了很多。然后，陈开善又有意识地观察了一下办公室的摆设，发现书橱里摆着很多书，有好多是文学方面的，墙角摆着一盘精致的兰花，阳台还有一些小巧的工艺品。陈开善心想好在自己也有些品位，有些雅兴，于是又谈起了花，谈起了书，相同的兴趣找到了沟通的话题。

　　原来这位女经理虽是经济学硕士出身，但对文学却情有独钟，两人越谈越投机，大有相见恨晚的感觉。最后，女经理说："今天真是痛快！来这个城市一年多了，很难得说今天这么多的话，刚才还差点与一个知音失之交臂。"陈开善见天色已晚，知道该告辞了。女经理这时才回过神来说："呀，六点钟了！陈先生，如果愿意，我们一起吃顿饭吧。"从此以后，两人成了至交。该公司的开户、结算和其他业务自然都转到陈开善所在的银行了。

在与客户沟通的过程中，销售员能否运用自己的智慧拉近与客户间的距离，甚至是交成了朋友，可以为成交做好铺垫。销售员随机应变寻找共同的话题，关键在于是否具有"博学多才"的功底。只有找到双方共同的兴趣和爱好，才能迅速融洽交往的气氛，进而与对方成为志趣相投的朋友。交到了好朋友，别的问题自然也就迎刃而解。

销售员要在同客户相处的过程中努力将简单的客户关系发展成为朋友关系，需要有诚恳的态度，更需要有相互的信任。心理专家指出，如果能够取得彼此之间的信任，设身处地地为对方考虑，不断去理解对方，就完全有可能让两个本为对手的人成为好朋友。这样做不仅有利于销售的成功，更重要的是这样能够帮助销售人员化解来自客户的压力。所以说，像朋友一样跟客户谈业务，一切就能顺利得多。

2.学会通过老客户发掘新客户

每个客户的背后都有很多潜在的客户。在销售工作中，优秀销售员的习惯就是善于用老客户去拓展自己的业务，找到新的合作伙伴，这样销售工作会一帆风顺。经营与老客户的关系是一件必需的事情，在经营的同时得到老客户的引荐而结识新客户那将是很荣幸的事情。

优秀的销售员有一个很好的习惯就是善于运用老客户去发掘新客户。老客户背后存在大量的新客户，每个老客户都有一个圈子并能对这个圈子产生影响。如果你运用得当，老客户就可以变成你开拓客户的资源。

假如你的老客户十分信任你，对你抱有好感，就会为你带来新的客户，他会介绍自己的朋友来找你。但是这一切的前提是你确确实实征服了他，而且你们之间有一种信任的关系。

让老客户帮你推销，让你得到更多的生意。只要老客户信任你，那么你就成功在即了。

张林是从最底层的保险经纪人做起的。保险经纪人的收入特点决定了只有多发展客户、提高业绩才能获得高收入。发展客户并不是一件容易的事情，张林对客户有一个独到的定位，那就是收入稳定、文化层次较高的人群。这样的潜在客户群不仅有购买保险的能力，更有保险的意识。他通过交友网站和论坛结识这样的人群，并且和他们成为朋友，从而发展起了最早的一批客户。介绍保险方案的时候，他都是根据客户的特点，为他们推荐最适合的保险产品。这使张林赢得了越来越多的客户，业绩不断提高，获得的业务提成也不断上升。张林很快就超越了一起入行的同事，晋升到了业务经理的位置。

后来，张林把眼光由发展个人客户转向了团体保险。争取团体保险客户，可以获得更高的回报，但是也具有更大的难度。张林从最早结识的客户群着手，他们不仅拥有较高的收入和文化水平，也拥有一定的社会地位，最难能可贵的就是他们信任张林。张林开始了"布网式"的拓展工作，老客户们为他提供的一些机会让他受益匪浅，他所提供的细致、认真、周到的服务也让他成功地实现了客户的保持和扩大，张林的年薪也随之很快跨入了20万的行列。

张林的成功主要在于他不但懂得如何去"找客户"，更懂得如何"养客户"，也就是由老客户发展新客户。事实证明，由老客户推荐的交易成功率大约是60%，远远大于销售人员自己上门推销的成功率。可见，被推荐的客户对于销售人员来说多么有价值！如果销售人员能学会成功地获得推荐生意，那么就能成功地编织出一张"客户网"，从而为自己的销售工作带去很大的便利。

李先生是杭州一家笔庄的老板。在他开始创业的时候，他的境遇十分窘迫。那个时候是他人生中的最低谷。即使如此，他也没有放弃，而是经常出没于杭州的各个画廊、美术院校，只要有机会就给别人看他的笔。

一天，李先生在一个画廊里遇见了一家画院的院长。李先生看院长气度不凡，就拿出一支上好的鸡毛笔要送给院长，院长看后感到很惊讶。这次巧遇使院长对他的笔产生了浓厚的兴趣，以笔会友，两个人在研究笔的过程中结下了深厚的友谊。为了让更多的人了解他的笔，院长决定帮他开一个笔会，并免费提供场地。通过笔会，李先生认识了画院更多的朋友，时间久了，李先生的笔庄在杭州渐渐闯出了名气。 不久后，李先生将他的笔庄开在一个冷清的文化用品市场二楼的拐角里。气氛虽然冷清，但李先生却有他的目的。喜欢毛笔的人都是一些文人，不喜欢很热闹的地方，书法家、画家来这一看就会觉得比较高雅，地方也比较宽敞。 如今，李先生已经拥有两家笔庄、一家工厂，每年制作销售毛笔四五万支，李先生正走在成功的创业路上。

　　李先生与画院院长的相识就是销售员与客户结成了友谊，随后院长又给他介绍了很多的朋友来光顾他的生意，为其介绍了不少的新客户。这当中，人脉起了关键作用。其实，做生意投资人情，谈的就是一个"缘"字，彼此能够一拍即合，要保持长期的相互信任、相互关照的关系也不那么容易，成功的销售员仍然需要不断进行"感情投资"。

　　但并不是每个客户都会为你介绍一个甚至几个客户，所以必须对客户区别对待，以便自己今后能得到更多的推荐客户。这就需要推销员具有敏锐的洞察力，能在很短的时间里发现哪些客户是可以长期发展的，哪些客户的背后还有巨大的潜在客户。

　　销售活动本身就是在做人际关系，以老客户的口碑去打动新客户，对于销售员来说是再好不过的事情了。现在的社会是一个交际的社会，一个人有了人脉，就拥有了开创新天地的本钱。销售员不要抱着独自打天下的幻想，一个人的力量毕竟有限，利用客户集体的力量才可观。

　　让客户帮助你寻找客户、发现客户、创造客户，并不代表你的能力不行；相反，这更说明你在经营人脉上做得非常出色，而经营人脉出色，也象征着你的工作能力超过常人。所以，一个优秀的销售员要懂得经营人脉，尤其是客户的人脉，用人脉打开自己的客户之源，借助人脉的阶梯走得更远。作为销售员要注意平时积累客户的资源，这能令你获得神奇的力量，你的事业生涯也因此变得更加精彩。

3.主动和客户"套近乎"没什么不好

对于销售人员来讲，可以说因为有了客户才创造了市场，一个企业的产品只有迎合了客户的需求，才能符合市场的需求。从这个道理上讲，客户就是你的上帝，我们要将客户的位置摆得高一些。销售人员可以利用客户的这一心理，巧妙地促使客户购买我们的产品。

客户是我们的衣食父母，在交流中，把客户"摆"得高些，他们舒心了，你不仅不会损失什么，还会令销售开展顺利。作为一名合格的销售人员，首先要明白，不论从价值链还是市场和企业生存的角度去看，客户都是上帝。我们试想，希望客户把一掷千金的劲头都用在自己身上，我们首先就要想办法博得客户的一笑，把客户当成上帝一样伺候，把他们的位置摆得高些。因此，想要把客户的位置摆得高些，就要先明白"上帝"的想法——不仅自己认为客户是上帝，而且客户自己也会这么认为。

恭维客户有时候是必须的，恰当而又适度的恭维是走向事业成功的"灵丹妙药"，销售员假如能合理利用它，必定能让自己"功力"大增，为销售事业的发展增加强大的动力。在我们的生活中经常会遇到因不善交际而颇感痛苦的人，他们总是这样说："在与人交往时，我总是竭力恭维、赞美别人，因为我以为人都是喜欢听好话的。岂料很多人却因此不愿与我深交，更谈不上说什么心里话了，顶多只是随便应付几句。"销售员要从中吸取教训，不可恭维过头了。只有恰到好处地把客户的位置摆高了，客户才会心甘情愿地购买我们的产品。

谈论客户感兴趣的话题，可以使双方的会谈气氛较为缓和，接着再进入主题，效果往往会比一开始就立刻进入主题要好得多。

杜维诺先生经营着一家高级面包公司——杜维诺父子面包公司。他特别想把自己公司生产的面包推销到纽约的一家大饭店，他为此付出了巨大的努力。四年来，他不知道给该饭店的经理打过多少次的电话，并且还去参加了由该经理组织的社交聚会。他甚至一度在该饭店住了下来，以便做成这笔生意。但是，杜维诺的所有努力都未能收到成效。因为该饭店的经理很难接触，他压根儿就没有把心思放在杜维诺父子面包公司的产品上。

杜维诺百思不得其解，后来，经过长期的思索与观察终于找到了症结所在。于是，他决定立即改变接近对方的策略，转而去寻找这位经理感兴趣的东西，以找出双方共同感兴趣的话题。

经过一番调查与分析，杜维诺发现该经理是一个名叫"美国旅馆招待者"组织的骨干成员，而且最近还当选为该组织的主席，他对这个组织倾注了极大的热情，不论该组织在什么地方举行活动，他都一定到场。得到这一信息后，杜维诺详细研究了这个组织的相关信息。

第二天，当杜维诺再见到这位经理时，就开始大谈特谈"美国旅馆招待者"组织，这一下杜维诺算是准确找到方向了，对方也滔滔不绝地跟杜维诺交谈起来。当然，话题都是有关这个组织的。在结束谈话时，杜维诺还得到了一张该组织的会员证。他虽然在这次会面中并未提及推销面包之事，但没过几天，那家饭店的厨师就打来了电话，让杜维诺赶快把面包样品和价格表送过去。

"我真不知道你对我们那位经理先生动了什么手脚。"厨师在电话里说，"他可是个难以说服的人。"

"想想看吧，我整整缠了他四年，还为此租了你们饭店的房间。为了得到这笔生意，我想尽了办法。"杜维诺感慨地说，"不过感谢上帝，我找到了他的兴趣所在，知道了他喜欢听什么内容的话，总算接近了这个难缠的人。"

销售工作的对象是人，而那些聪明的销售员总会审时度势，有时候会巧妙地避免正面推销，从对方感兴趣的话题切入，从而迅速接近客户，并打开销售工作的局面。

"摆高"客户要把握好时机。与客户交往中认真把握时机，恰到好处的恭维是十分重要的。交流时，应当切合当时的气氛、条件，受一定的"时效"约束。当你发现对方有值得赞美、恭维的地方，要善于及时大胆地赞美、恭维，千万不要错过时机。不合时宜的恭维，无异于南辕北辙，结果只能事与愿违，销售的效果就不会达到，甚至还会产生一定的副作用。

我们所说的套近乎，不是不看时间，不看场合。其实，我们在日常生活中通过套近乎，解决了很多问题，有时可能有意想不到的收获。其实套近乎不是坏事，对于一个要与人打交道的岗位，你必须套近乎，我们做营销的，就要重视套近乎。

通过套近乎，我们交到朋友；通过套近乎，我们获得知识；通过套近乎，我们获得信息；通过套近乎，我们也可以了解别人，推广自己。不管你是在现实中还是在网络中，会套近乎的总比不会套近乎的好。

当然，套近乎不是讨好别人。我们平常套近乎，可以应用到很多地方，如朋友聚会、各种会议、火车上、汽车上、机场候机厅等等。有时会套近乎可以交到意想不到的朋友。我们通过套近乎，交换名片，有时可能遇到同行，有时遇到采购商。有时通过套近乎，别人为你介绍客户，这不是不可能的。有时通过套近乎，可能是同乡人，以后可能成为同城朋友。

4.适时地递上你的名片

　　名片是销售员必备的社交工具，可以帮助销售员介绍自己，并获得客户的有效信息。但是名片不能乱用乱发，在商务交往中，若想将名片的作用发挥得更好，我们必须学会一些使用名片的技巧。

　　一张小小的名片看似极其简单，但作为立志推销自己的你来说，赶紧抛弃这种漫不经心的看法吧。名片首先具有推销性质，同时蕴含着无数的玄机。不论是这种纸质的推销媒介，还是你网络上的微博、空间等媒介，都是你交际展示的一部分，某种意义代表了你自己，是第一印象的重要组成部分，千万不要小觑。掌握了纸质媒介这种传统而实用的推销手段，会让你宾客满座；掌握了名片等巨大的自我展示手段，会让你永葆个性的张力。

　　在商务和职场交际中，对于销售员的名片都有双重的象征意义，首先是集体单位的表象，其次是名片持有者自我的介绍。如果说名片上的企业CI设计是单位的形象的反映的话，那么名片就是你个人身份的象征，由此可见在一张小小的名片中蕴含着多大的信息！

香港湾仔的会议展览中心大礼堂，数百名观众等待一睹"推销之神"的风采。音乐响起，当大家仰首凝视舞台时，射灯突然照向观众席后排，高举双臂的吉拉德昂首阔步进场，与观众握手拥抱，当然他并没有忘记派他的名片。

派名片是吉拉德最重要的工作。在台上，他像变魔术似的，在口袋里、桌上甚至从鞋底拿出一把又一把名片撒向观众，忽然又会步下台阶，走向观众席向一名女士说："你好吗，宝贝？"这位女士与他握手之后，手中多了两张名片。

他每次会给人两张名片："你留下一张，另一张可以给别人。"吉拉德要每个遇上他的人都记得他。

甚至到餐厅吃饭，他都不忘留下两样东西：可观的小费和两张名片；寄支票时他亦不会放过，会在信封中放进两张名片。底特律棒球场举行热门球赛的时候，吉拉德会站到看台的最高处，向观众大撒一整袋一整袋的名片。

"我要每个人都记得吉拉德，即使你今天不买车，但你有一天想买车时，会记起有个乔·吉拉德，并有这个人的名片，我的生意便做成了。"今天的吉拉德不再卖车，而是在世界各地巡回演讲，如今他卖的是他自己，所以在两个小时的演讲中，他最少说了100次"乔·吉拉德"。

乔·吉拉德的成功在于充分借助名片的影响力让众多的潜在客户记住了自己，拓宽了自己的人脉，最终卖出了更多的汽车。可见，名片虽小，作用却大，正确地使用名片可以帮助我们在销售中如鱼得水。

那么，我们该如何看待名片呢？以下建议希望对你有帮助。

首先是在名片的素材中，不可忽略标志性的造型。因为标志是单纯的，小而统一，具有在一瞬间最容易被识别的视觉效果，适合于印象、记忆和联想。标志的设计要力求表现独特的象征形式，要易于辨认、清晰，夺目的艺术形象，有别于同行、同类的标志。还要做到洗练、准确、生动、一目了然，艺术形式更集中，更具代表性，这样才能使商标图案的主题深化。

再次是注意名片的文案。一部分是主题文案，包括名片持有人的姓名、工作单位。另一部分辅助说明文案包括名片持有人的职务、通讯方式、单位地址等。名片的文案内容要简练概括，信息传递准确，主题文案与辅助说明文案要主次分明。文案的版式段落要编排整齐、美观大方、讲究形式美，不要松松散散、杂乱无章。在我们的日常工作中，用于我们之间相互交流的名片很多，每个人对名片的阅读都是顺眼而过，这样文案的编排是否合理对锁住阅读者的视线就至关重要。

然后，销售员应该清楚如何在客户面前适时地递上你的名片。

一、明确在何种情况下应该交换名片

通常交换名片有以下目的：1.希望认识对方；2.表示自己重视对方；3.被介绍给对方；4.对方想要自己的名片；5.提议交换名片；6.初次登门拜访对方；7.通知对方自己的号码、地址变更情况；8.打算获得对方的名片。

二、需提前准备好名片

首先要把自己的名片准备好，整齐地放在名片夹、名片盒或口袋中，要放在易于掏出的口袋或皮包里。不要把自己的名片和他人的名片或其他杂物混在一起，以免用时手忙脚乱或掏错名片。

三、注意递送名片的礼仪

递名片给客户时，应郑重其事。最好是起身站立，走上前去，使用双手或者右手，将名片正面面向对方。切勿以左手递交名片，不要将名片背面面对对方或是颠倒着面对对方，不要将名片举得高于胸部，不要以手指夹着名片给人。若对方是少数民族或外宾，则最好将名片上印有对方认得的文字的那一面面对对方。将名片递给他人时，口头应有所表示。可以说"请多指教""多多关照""今后保持联系""我们认识一下吧"，或是先做一下自我介绍等。

5.小礼物促成大生意

　　销售员为客户送上精心准备的小礼物，待彼此关系融洽后更容易促成大生意。有时候，一个小礼物就能打开你与客户之间的隔阂，那些销售业绩做得好的人最大的原因就是落实基本动作，不放弃任何一个开发的机会。他们会精心挑选小礼品，直至叩开客户接纳的大门。他们一直持续记录与资料整理的功夫，让缔结成交更有效率，才渐渐打开了成功的局面。

　　很多优秀的销售员一定不会忽视小礼物在销售过程中的作用。在销售人员参加业务培训的时候，培训师一定会告诉大家："销售人员拜访客户时，要记得带小礼物。"小礼物就是销售人员的工具，许多时候还是不可或缺的成交关键。

　　赠送小礼物听起来似乎是件很简单的事情，但说得容易做起来就难。业务成交来自很多不变的业务行销法则：做资料、小礼物、态度、倾听等。至于会不会成功，就在于有没有落实，那便是不能轻言放弃、也不能半途而废。

　　销售活动中，"礼物"一直是融洽彼此关系的试金石。很多公司把给客户送小礼品作为公关活动的一部分，需要提前做好预算和活动安排，使商务活动可

冠军销售员都懂的成交心理学

以顺利地进行，将商务礼品送到客户手中。只要是提前规划好了，就不会再有"送客户什么礼品"这样的问题，企业可以把更多的时间放到经营活动中，创造更大的价值。

选择什么样的礼物是很多销售员的困惑，销售员给客户送小礼物主要是为了巩固双方的感情，建立更进一步的合作。礼物不在于有多么贵重，因此选择送客户的礼物最基本原则就是投其所好，每个客户都有独特的生活方式和个性，具体的因人而异。比如客户如果是一个喜欢旅游的人，送的礼品不一定局限于一定要送商务礼品，可以送一套旅行装备户外用品，帐篷、越野自行车也可以。送小礼物也可结合当下热点，比如现今社会提倡低碳环保的生活，随着油价的上涨很多有车一族也选择骑车上班，既环保节能又能锻炼身体，对女性来说还可以减肥健身，连上健身房的时间都省了。送一份户外用品给他们，相信他们看到一定会又惊又喜，分外珍惜这份礼物。送礼物有创意最好。

销售人员魏郡与一个企业的业务经理取得了联系，通过第一次交流，魏郡了解到了两个重要信息，一是对方有个上初中的女儿，并且非常受宠；二是对方没有多少电子商务的知识，想学习又没有学习的渠道。

于是在魏郡第二次去拜访的时候，一口气买了七本有关电子商务与网络销售方面的书籍送给他，当魏郡从包里取出书递给他的时候，魏郡看到了写在他脸上的惊讶和感动。

第三次去时已经是临近春节了，中间因为他经常外出考察等原因，一直也没有机会再沟通。这次魏郡带了一个四百块钱的快译通电子词典，对他讲现在的孩子英语一定要好，因为将来的用途非常广泛，所以魏郡在力所能及的范围内给他的孩子一点帮助。当魏郡把电子词典递给他的时候，魏郡看到了同样的感动……

　　经过两次接触，他们成了朋友，书和电子词典应该算不上什么贵重礼物，但却是魏郡的一片心意，抛除了业务原因，魏郡更愿意以朋友的身份来看待这两份小礼物。当然，合同也签了下来。

　　小礼物可以融洽彼此间的关系，对业务合作有着积极的促进作用。对于客户馈赠礼物可能销售人员都非常熟悉，但是送礼也讲究技巧，有时候可根据交往的过程中得到的一些信息赠送礼物，礼物虽不贵重，但也可以起到意想不到的效果。

　　给客户的礼物送什么好呢？最好有收藏价值或者选择实用型礼物，有特色有创意的也是必需的，礼物的外观一定要高贵别致，让对方一见倾心能留下深刻的回忆。在礼品的选择上最好是体积较小日常能用到的商务礼品、办公礼品。现代大都市生活节奏加快，很多年轻的上班族都是晚上夜生活丰富，早晨被闹钟吵醒才肯懒懒地起床，早饭也顾不上吃，针对这些年轻的上班族送一些小家电也是不错的选择，可以帮助他们节省时间、提高生活效率，赚钱的同时也可以料理好自己的生活，工作与生活都可以有条不紊地进行。销售员除了日常交际，在重要节日及客户生日也可以送礼物表达对客户的祝福。

　　毕竟小礼物不等同于贵重物品，销售员挑选祝福性质的礼物其实不用想得太复杂。首次去拜访的见面礼把预算价格控制好，这个是最关键的。在这个预算范围内，挑选一些适合客户那个年龄段的礼物。其实没有什么太多的忌讳，这个礼物就是最能表情达意的一种沟通方式，具体送什么可以提前打听一下客户的喜好。你可以从以下方式去作选择。

一、赠送的礼品要品质优、适用性强、经久耐用；

二、最好让礼品更具有私人性、专一性；

三、根据送礼对象的趣味不同来挑选礼品；

四、选择一个最佳赠送礼品的好时机，给人留下更深的印象；

五、礼品的包装要精致美观、吸引人。

礼物都会有些共性，但总的来说送礼物都会让人觉得你非常用心！送客户的话其实只要包装精美，并且送人的最好都是品牌货，这样就会显得比较用心、大气！在商务活动中想达到某个目的，除了人情关系之外还需要一点点手段，或多或少地给客户送些礼品也是情理之中。如果销售员所送的小礼物与自己所销售的产品相关，那是再好不过了。比如，图书销售员就经常给客户带他们所喜爱的书籍，自然会博得客户的好感。

一般来说，有价值的礼品、有创意的礼品、有纪念意义的礼品、实用的礼品等都是比较受欢迎的。给客户送礼不一定要贪图富贵，反而是一些价格不高、有创新性的礼品能够抓住人心，受到客户的青睐。创意礼品可以专门定制，能把你的创意发挥出来，又有客户专属的意义，对方收到礼物一定会小心收藏，还可以向身边的亲戚朋友拿来炫耀这个独一无二的礼品。

6.关心客户，他们才会关心你的产品

客户需要得到销售人员的关心和重视，需要得到适合自己的、能给自己带来实惠的产品和服务。能否站在客户的立场上，为客户着想，给客户充分的关注，让客户觉得自己很重要，这才是决定销售能否成功的重要因素。

在与客户沟通的过程中，销售人员总是想方设法地围绕着客户的需求展开销售活动，看似销售人员处于绝对的被动地位。可是，在客户看来却不尽然，他们经常会感到销售人员就像在对自己展开进攻，所以，他们经常将自己置于一种严密防守的被动状态当中。

客户在心理上的严密防守其实正反映出了他们期望得到关注的需要。销售人员应该明白，在你向客户施展各种销售技巧的时候，你的目标通常很明确，即说服客户购买你的产品。可是对于客户来说，他们此刻的心理却并非如此"单纯"：一方面，他们希望自己的某些需求被关注并最终得到满足；另一方面，出于种种顾虑和猜疑，他们又对销售人员的销售活动躲躲闪闪。

销售员只有去关心客户，才会让客户解除防备心理，真正地开始关心你的产品。客户在与销售人员交流的过程中虽然有着某种相互矛盾的复杂心理，但是产生这种矛盾心理的最终根源还是他们的不安全感。客户的这种不安全感使得他们从内心深处更加渴望得到销售人员的关注。一个优秀的销售高手会理解客户的这一需求，所以他们会力求在每一次的客户沟通过程中都主动给予客户充分的关注。

销售员如果心不在焉，忽视客户的谈话重点，客户就会感到自己没被对方关注，具体表现为：销售人员只顾自己说话，或者当客户提出某一异议时急于反驳；当把自己表达的主要问题抢先说完后，就表现得无所事事，不主动询问客户的意见；当客户说话时，销售人员心不在焉，无法聚精会神地认真倾听。

乔·吉拉德在15年的时间内卖出了13001辆汽车，并创下了一年卖出1425

辆、平均每天四辆的记录，被人们誉为世界上最伟大的推销员。你想知道他推销成功的密码吗？以下是乔·吉拉德故事的介绍，可供参考！

　　记得曾经有一次一位中年妇女走进我的展销厅，说她想在这儿看着车打发一会儿时间。闲谈中，她告诉我她想买一辆白色的福特车，就像她表姐开的那辆，但对面福特车行的销售员让她过一个小时后再去，所以她就来这儿看看。她还说这是她送给自己的生日礼物："今天是我55岁生日。"

　　"生日快乐！夫人。"我一边说，一边请她进来随便看看，接着出去交代了一下，然后回来对她说："夫人，您喜欢白色车，既然您现在有时间，我给您介绍一下我们的双门式轿车——也是白色的。"

　　我们正谈着，女秘书走了进来，递给我一打玫瑰花。我把花送给那位妇女："祝您长寿！尊敬的夫人。"

　　显然她很受感动，眼眶都湿了。"已经很久没人给我送礼物了。"她说，"刚才那位福特销售员一定是看我开了部旧车，以为我买不起新车，我刚要看车他却说要去收一笔款，于是我就上这儿来等他。其实我只是想要一辆白色车而已，只不过表姐的车是福特，所以我也想买福特。现在想想，不买福特也一样。"

　　最后她在我这儿买了一辆雪佛莱，并开了一张全额支票。其实从头到尾我的言语中都没有劝她放弃福特而买雪佛莱的词句。只是因为她在这里觉得受到重视，于是放弃了原来的打算，转而选择了我的产品。

　　乔·吉拉德为客户所做的事情，在客户看来是其发自内心地对她的关心，感动之余，这名客户从心底接纳了这位有心的销售员和他的产品。

　　关心客户不仅是让我们关心客户本人和他所在单位的事情，还需要重视客户身边的人，自然包括重视客户的孩子、配偶甚至亲朋好友。通过客户的孩子，把自己对产品的积极态度传染给你的购买决策人，从而激起客户的购买意愿。有人曾说："我非常赞成经常地为客户或客户的孩子帮一点忙，同时认为在销售活动中，这是一个被人们大大忽略了的手段。在商务关系中，间接地把孩子包括进来，总能给客户留下深刻的印象。"在一些中小型企业，尤其是家族企业，老板身边的往往是自己的家人或者亲戚，如果销售员得罪了他们，后果是什么？老板很少不去考虑他们的感受的！

　　相反，假如你兼顾了客户身边的人，特别是他们身边的亲人，这对你的销售工作是大有裨益的。在一些场合，你可以进行间接营销，寻找客户身边谁是对他最具有影响力的人，或者谁是他最在乎甚至疼爱的人。与他们处好了关系，客户那里就不攻自破，销售自然而然地就会成交。

　　比如在客户办公室里有一个小孩子在玩耍，你会和这个小孩子一起玩吗？假如你把这个小孩子逗得很开心，你会发现，你的客户一定在笑，这时你的生意基本上十拿九稳了。什么人的小孩子可以在客户办公室自由地玩耍？这个你很清楚。

　　总之，关心客户，真诚地为他们做点事情，也不要怠慢了客户身边的每一个人，因为他们都有可能决定你的成交。究竟谁是购买决定者很难说，有时客户说了算，有时客户的家人说了算，有时还来个夫妻共商，有时候是丈夫出面谈判，妻子幕后指挥。甚至有些时候会出现伏兵四起，奇兵难料，从婆婆到小孙子、小姑子、客户的客户、客户的员工等，每个人都可能是有决定权的人物。销售员在分不清谁是购买决定者之前，都不应怠慢客户身边的每一个人。

冠军销售员都懂的成交心理学

7.充分利用已有的人脉关系

好人缘会带给你众多的销售业务，也会让你的财运旺盛。拥有了众多的朋友，你的销售渠道会更加广阔和顺畅，你就会赢得客户和朋友的口碑，你的朋友就会向他的同行朋友推荐你。那么你的生意就会迅速在业界扩张起来，你就达到了销售的最高境界，让客户主动来找你。

好人缘带来好前途，在销售行业也是一样的。在销售行业中有这么一类人：他们能力超群，才华横溢，见解深刻，本来可飞黄腾达，却偏偏过得很清苦。这是什么原因呢？尽管这些人有才华，却恃才傲物，认为自己比别人优秀，是不可或缺的人才，因狂妄自大，不能很好地与周围的人相处。就这样，他们因为缺少人脉，最终都被埋没了。因此，没有人脉资源从旁协助，仅仅靠自身的才华也是不能让财运旺盛的。尤其在销售行业，要想财源广进、飞黄腾达，好的人缘非常重要。

销售员多做些销售之外的事情，关键一点就是经营好自己的人脉。比如，某销售员有客户要找某领导，却找不到好的机会。如果这个销售员认识又有机会，就会为他引荐；比如有客户需要某些资料又得不到时，该销售员就会帮他找到；甚至，有客户生活中碰到一些困难，只要销售员知道又能帮到时，他就一定会帮助他们。这样，销售员与客户就不再是合作的关系了，而更多的是朋友关系了。如此一来，一旦有什么机会时，客户一定会先想到这个销售员。

王永庆从做生意开始就十分重视广结人缘。 王永庆在刚开始做木材生意的时候，对客户的条件放得很宽，往往都是等到客户卖出木材之后再结账，而且从不需要客户做任何担保。不过没有一个客户曾拖欠和赖账，原因就在于王永庆不但了解每一个客户的为人，也理解他们做生意的难处。正因为有了这份信任，客户很快就跟王永庆建立起了深厚的友谊。 华夏海湾塑料有限公司董事长赵廷箴，曾经与王永庆合作过建筑生意。有一次，赵廷箴需要大量资金周转，于是向王永庆表明自己的困难。王永庆二话不说，立刻借给他十几根金条，还不收分文利息。此举不仅帮助了赵廷箴，还使得两人成了好朋友。从此后，赵廷箴的工程上所需要的木材全都向王永庆购买，成了王永庆最大的客户。 王永庆后来回忆这段往事的时候说道："正因为结识了木材界众多朋友，我才能在木材业迅速崛起，站稳脚步。"后来，王永庆一直在建筑业发展，并且木材厂的生意非常兴隆。到1946 年，也就是王永庆30 岁时，他已经积累了5000万元台币的资本了。

好人缘带来好的财运，王永庆就是这样做的。销售的本质是经营人际关系。因为不管你是卖什么或是买什么，都是要经过人来完成，对于一个公司来说也是如此。产品、价格、服务、宣传策略的竞争都是由每个人来完成的，对于销售员能否获得成功来说，个人的人际关系和个人魅力或是影响力也就更重要了。

马小勇是一家培训管理咨询公司的副经理，他分管客户部。他的主要职责就是灵活地收集各种人际关系来为本公司的销售员架桥铺路，取得与目标客户的联系。马小勇说："在我们的服务领域，只要个把月，每一个销售人员想要联系的人和公司，我们都可以提供认识的途径和渠道。我们有专门的人际关系渠道，比如客户、朋友和其他人，我们会向他们打听，寻找可靠的介绍人。"

打开销售渠道，正如建立客户人际关系的数据库。有的销售员为了争取大客户，就常去大客户去的地方"蹲点"，特定的高层峰会和整个行业的专业展销会将是你下赌注的最好选择。虽然进到这些场合需要你付出比较多的成本，还需要你经常出差，但回报也是相当可观的。下面是一个优秀销售人员的亲身经历。

"我有一个非常理想的客户，是一家全国特色零售连锁店的老总，是我去年在全国零售洽谈会上认识并建立客户关系的。"刘强说，"我在会议上碰到了几个熟人，正好有一个人能将我介绍给这个大客户。从今往后，我再也不去那些所谓'联谊'的社交场合了，在那儿根本不可能存在大客户。"总之，在销售的过程中要想赢得大客户的"芳心"，作为一名优秀的推销员，我们要下大力气来挖掘大客户周围的人际关系，在打通与大客户联系的人脉磁场后，我们就可以与大客户顺利洽谈，赢得最卓越的销售了。

要想成功推销产品，首先要成功推销自己。培养好的人缘和良好的客户关系，在日常的销售中就要做充分的准备工作，才能与客户建立好关系。比如要取信于客户，要让他们在信任你的基础上相信你的产品；还有要尊敬你的客户，这是一种礼貌，还能让他人认可你；同时还要有宽容的心，对客户的抱怨要有一种宽容精神。

　　在销售行业中打拼，肯定离不开广泛的人缘支持，那么我们该如何利用人脉资源进行销售呢？就是要抓牢旧的人脉资源，认识新朋友。先牢牢固守住一个圈子，朋友圈或者是同学圈，然后以此为中心，去扩散周围的朋友，通过原有的人脉来结识一些有地位和实力的人脉，以此作为自己潜在的销售对象，或者使其成为挖掘潜在客户的桥梁。

第六章
窥探客户的"小阴谋"，让销售反败为胜

　　纵观古今中外，但凡能驾轻就熟地处理好人际关系，懂得说服别人的人，无不熟谙"人性"。就好比打鱼的人要通水性、懂"鱼性"，养鸟的人要懂"鸟性"一样，销售员或其他从事人际关系工作的人必须熟谙"人性"。销售人员必须有鉴人能力，必须熟谙"人性"。窥探出客户的真实想法，就能让你的销售反败为胜。

1. "钩"住好奇心强的客户

销售过程中，销售员运用适当的手法唤起客户的好奇心，让客户对你的产品产生进一步探讨的欲望，这是销售中惯用的手法。如果运用得当，客户的注意力就会集中到你的身上，你就可以借询问有关问题逐步引导销售的程序了。

在销售中，利用客户的好奇心理，是一种很好的激发客户购买欲望的方法，因为在你满足客户好奇心的同时，客户也就自觉地接受了你的意见。

在销售的时候，销售员可以通过唤起顾客的好奇心，引起顾客的注意和兴趣，然后迅速转入面谈阶段。好奇心是所有人类行为动机中最有力的一种，唤起好奇心的具体办法可以灵活多样，尽量做到得心应手、运用自如、不留痕迹。

任何事情都有一定的承受限度，好奇心的利用不宜运用得过火。如果销售人员利用这种手法过度的话，会使客户的心情过度紧张，对客户造成压力，销售效果反而会大打折扣。

皇冠牌香烟进军西欧，却在某海滨城市遭到了众多其他品牌香烟大军的顽强抵抗。无论皇冠香烟公司使出何种计谋，都拿不下这座城市，无法打败其他品牌的香烟，无法获得市场的认可。

——冠军销售员都懂的成交心理学

有一天，皇冠公司的一名推销员看到海滨浴场有许多禁止吸烟的广告牌，他受到启发，想出了一条妙计：在各旅游景点和公共场所张贴广告："吸烟有害健康，此地禁止吸烟。'皇冠'也不例外。"这则无任何夸耀之词的简单广告，却引起了不少人的好奇。为什么特别指出皇冠牌香烟呢？难道皇冠牌香烟和其他品牌的香烟不一样吗？是味道更强烈还是比较名贵？在强烈好奇心的驱使下，"烟民"们纷纷购买皇冠香烟一尝究竟。结果，皇冠牌香烟在当地一炮打响，成了销量空前的畅销货。

每个人都有好奇心，好奇心会让人产生了解或消费某种商品的欲望。比如，一种新产品刚刚问世，它的外形设计巧妙，颜色也很鲜艳，消费者从没见过这样的东西，强烈的好奇心会让他们停下脚步，了解一下这个产品是干什么用的、怎么用。有时某些言论或做法可以大大激发人们的好奇心，精明的企业往往以此来引起人们的注意，以销售产品。

一家日用百货商店的库房里积压了大量洗衣粉。经理很犯愁，宣布降价19％处理。一个月过去了，仍然无人问津。后来经理想出了一条妙计，在店门口贴出了一条广告："本店出售洗衣粉，每人仅限一袋，两袋以上加价10％。"行人看了广告都既疑惑又惊慌，纷纷猜测："为什么每人只可以买一袋？""是不是洗衣粉又要涨价了？""为什么多买要加价呢？"在这种惊慌、猜疑心理的支配下，人们开始抢购。有的不惜排队几次，有的还动员家人和朋友来排队；有的甚至宁肯多付10％的钱，也要多买几袋。一时间洗衣粉成了紧俏货，没过几天，这家百货商店的洗衣粉就销售一空。

有些时候，企业的管理者或者销售员也会运用逆向思维，站在消费者的角度考虑问题，利用人的好奇心理，了解怎么才能吸引消费者的注意，并刺激他们购买商品。巧妙地利用人的好奇心理可以让自己的产品更畅销，也可以让一个企业从困境中走出。这种方法不但可以轻而易举地广开销路，还可以降低销售成本，可谓一举多得。

利用客户的好奇心是销售的好方法，但需要注意的一点是，这种利用有时候会被客户认为是在耍花招，所以销售人员提出的问题不应该太脱离实际，而且答案也要和客户的自身利益相关，因为你的答案如果让客户觉得只有你一个人受益而他丝毫无利可图时，就会觉得受到了你的欺骗。没有客户喜欢被玩弄的感觉，所以，利用好奇心销售要把握火候，不宜太过火。

好奇心人皆有之，你要是能把客户的注意力集中到你的产品上，这时候你的产品就有了竞争优势，而注意力的集中有赖于你对客户好奇心的激发。所以，抓住客户的好奇心，是当今销售员必备的素质。

2.明白客户的消费心理才能更有目标

要想成为一名卓越的销售员，无论是探寻客户的需求还是向客户介绍商品，都要注意一点：洞察客户的心理，根据客户的心理变化调整销售方式。在与客户的交流中，销售员要从客户的心理变化中确定，眼前的这个客户究竟对商品的哪个利益点最感兴趣，而哪个利益点对他而言是可有可无的。可以说，谁懂得洞察客户的心理，谁才能真正把握客户的内心，从而获取客户的青睐。

销售员在拜访客户、销售产品的过程中，客户会产生一系列复杂、微妙的心理活动，包括对商品成交的数量、价格等问题的一些想法及如何与你成交、如何付款、订立什么样的支付条件等；而且不同的客户心理反应也各不相同。所以，销售员最重要的工作就是明白客户的消费心理，让自己的工作更有目标性。

一般来说，在销售中客户主要有以下十种消费心理。

一、求实心理

求实心理是客户普遍存在的心理动机。在成交过程中，客户的首要需求便是商品必须具备实际的使用价值，讲究实用。有这种动机的客户在选购商品时特别重视商品的质量效用，追求朴实大方、经久耐用，而不过分强调外形的新颖、美观、色调、线条及商品的"个性"特点。

二、求美心理

爱美之心，人皆有之。有求美心理的人，喜欢追求商品的欣赏价值和艺术价值，以中青年妇女和文化人士居多，在经济发达国家的顾客中也较为普遍。

具有此类心理的人在挑选商品时特别注重商品本身的造型美、色彩美，注重商品对人体的美化作用，对环境的装饰作用，以便达到艺术欣赏和精神享受的目的。

三、求新心理

有的客户购买物品注重"时髦"和"奇特"，好赶"潮流"。销售员不妨利用他们的这种心理，强调自己的产品与其他产品相比的独特之处，并且还要格外强调自己产品是现在最流行的、最新款等等。

四、求利心理

这是一种"少花钱多办事"的心理动机，其核心是"廉价"。有求利心理的客户，在选购商品时，往往要对同类商品之间的价格差异进行仔细的比较，还喜欢选购打折或处理商品。具有这种心理动机的人以经济收入较低者为多。当然，也有经济收入较高而勤俭节约的人，喜欢精打细算，尽量少花钱。

五、求名心理

这是以一种显示自己的地位和威望为主要目的的购买心理。他们多选购名牌，以此来炫耀自己。具有这种心理的人，普遍存在于社会的各阶层，尤其是在现代社会中，由于名牌效应的影响，衣、食、住、行选用名牌，不仅提高了生活质量，更是一个人社会地位的体现。

六、从众心理

这是一种从众式的购买动机，其核心是"不落后"或"胜过他人"。他们对社会风气和周围环境非常敏感，总想跟着潮流走。

有这种心理的客户，购买某种商品，往往不是由于急切的需要，而是为了赶上他人、超过他人，借以求得心理上的满足。

七、偏好心理

这是一种以满足个人特殊爱好和情趣为目的的购买心理。有偏好心理动机的人，喜欢购买某一类型的商品。例如，有的人爱养花，有的人爱集邮，有的人爱摄影，有的人爱字画等。这种偏好往往同某种专业、知识、生活情趣等有关。因而偏好性购买心理动机也往往比较理智，指向性也比较明确，具有经常性和持续性的特点。

八、自尊心理

有这种心理的客户，在购物时既追求商品的使用价值，又追求精神方面的高雅，在购买之前就希望其购买行为受到销售人员的欢迎和热情友好的接待。

经常有这样的情况：有的客户满怀希望地走进商店购物，一见到销售人员的脸冷若冰霜就转身而到别的商店去买了。

九、疑虑心理

这是一种瞻前顾后的购物心理动机，其核心是怕上当吃亏。这类人在购物的过程中对商品的质量、性能、功效持怀疑态度，怕不好用，怕上当受骗。因此，他们会反复向销售人员询问，仔细地检查商品，并非常关心售后服务工作，直到心中的疑虑解除后才肯掏钱购买。

十、安全心理

有这种心理的人对欲购买的物品要求必须能确保安全。尤其像食品、药品、洗涤用品、卫生用品、电器和交通工具等，不能出任何问题。因此，他们非常重视食品的保鲜期、药品有哪些副作用、洗涤用品有无不良化学反应、电器有无漏电现象等，只有在销售人员解说、保证后，才能促使客户安心地购买。

总之，充分了解客户的消费心理是销售员成功销售的关键因素，有至关重要的影响，优秀的销售人员都懂得对顾客的心理予以高度重视。可以这么说，掌握了客户心理，就可以做到在销售中对症下药，征服客户。

3.抓住客户的"从众"心理

通常来讲，群体成员的行为，通常具有跟从群体的倾向。表现在购物消费方面，就是随波逐流的"从众心理"，当有一些人说某商品好的时候，就会有很多人"跟风"前去购买。在销售中，销售员也可以利用客户的这种"从众心理"来促成交易。

　　"从众"是一种比较普遍的社会心理和行为现象，也就是人们常说的"羊群效应""人云亦云""随波逐流"。大家都这么认为，我也就这么认为；大家都买了，我也跟着买；大家都这么做，我也就跟着这么做。"从众心理"在消费过程中也是十分常见的。因为好多人都喜欢凑热闹，当看到别人成群结队、争先恐后地抢购某商品的时候，也会毫不犹豫地参与到抢购的浪潮中去。

　　销售员利用这种心理会给推销自己的商品带来诸多便利。销售人员可以吸引客户的围观，制造热闹的行情，以引来更多客户的参与，从而制造更多的购买机会。例如，销售人员经常会对客户说，"很多人都买了这一款产品，反响很不错"，"小区很多像您这样年纪的大妈都在使用我们的产品"，这样的言辞就巧妙地运用了客户的"从众心理"，使客户心理上得到一种依靠和安全保障。

　　即便是销售员还没有介绍，有的客户也会在销售人员介绍商品时主动问道："都有谁买了你们的产品？"潜台词就是说："都有谁买了你的商品，假如有很多人用，我就考虑考虑。"这也是一种"从众心理"。

　　其实，"凑热闹"和"随波逐流"是人性的特点。比如，某商场入口处排了一条很长的队伍，从商场经过的人就很容易加入排队的队伍中。因为人们看到此类场景时，第一个念头就是：那么多人围着一种商品，一定有利可图，所以我也不能错失机会。这样一来，排队的人就会越来越多。但事实上，这些人中真正有明确购买意图的没有几个，人们不过是在相互影响，其他购买的人总比销售人员可信。既然客户有这种心理，销售人员在进行销售时，就应该利用客户的"从众心理"来营造营销氛围，影响人群中的敏感者接受产品，从而达到整个人群都

冠军销售员都懂的成交心理学

接受产品的目的。

日本的"尿布大王"多川博就是利用"从众心理"而获得成功的。

在多川博创业之初，他创办的是一个生产销售雨衣、游泳帽、防雨斗篷、卫生带、尿布等日用橡胶制品的综合性企业。但是由于公司泛泛经营，没有特色，销量很不稳定，曾一度面临倒闭的困境。一个偶然的机会，多川博从一份人口普查表中发现，日本每年出生约250万婴儿，如果每个婴儿用两条尿布，一年就需要500万条。于是，他决定放弃尿布以外的产品，进行尿布专业化生产。

尿布生产出来了，而且是采用新科技、新材料制造的，质量上乘。公司花了大量的精力去宣传产品的优点，希望引起市场的轰动，但是在试卖之初，基本上无人问津，生意十分冷清，几乎到了无法继续经营的地步。

多川博万分焦急，经过冥思苦想，他终于想出了一个好办法。他让自己的员工假扮成客户，排成长队来购买自己的尿布。一时间，公司店面门庭若市，几排长长的队伍引起了行人的好奇："这里在卖什么？""什么商品这么畅销，吸引这么多人？"如此，也就营造了一种尿布旺销的热闹氛围，于是吸引了很多"从众型"的买主。随着产品不断销售，人们逐步认可了这种尿布，买的人也越来越多。后来，多川博公司生产的尿布还出口他国，在世界各地都畅销开来。

多川博利用客户的"从众心理"打开了他的尿布市场，但前提是他的产品质量好，在被客户购买后得到了认可。所以说销售最终还是要以质量赢得客户的，而利用其心理效应只是一个吸引客户的手段。

在我们的生活中，客户所表现出的"从众心理"有很多形式，有的受有说服力的老客户的影响，有的受威望效应的影响。例如，现在很多公司、商家的产品都会花高价请明星来代言产品、做广告，以引起客户的注意和购买。当一个人没有主张或者判断力不强的时候，就会依附于别人的意见，特别是一些有威望、有权威的人物的意见。

客户的购买活动经常会受周围人的影响，销售人员如果能把握好客户"从众"的心理，就会极大地提高推销的成功率。在推销的过程中，你完全可以举有说服力的老客户的案例，这样不仅可以聚人气、壮声势，而且如果你所举的例子刚好是对方喜欢或者熟悉的公司或人物，那么市场销售成功的概率就在无形中加大了。

总之，销售员要善于使用"从众心理"，通过各种方式为自己凝聚人气，这样你的业绩就一定能够有所提高。

4.消除客户的"怕被骗"心理很重要

客户购买产品并不喜欢因此而承担任何风险，所以面对销售员有顾虑也是情理之中。客户要的是质量好的产品，还要感觉实惠。如果客户刚从你手上买了产品，到你的竞争对手那里却发现只需半价就可以买到了，你从此就成了不可信任的卖家。

许多客户都怕被骗，不愿意因为购买商品而承担风险，他们面对销售人员会表现得很谨慎，全身上下都充满警惕，就怕掉进销售人员的"陷阱"。换位思考一下，销售员自己也不会愿意承担购买商品中的风险。所以，销售员对待这种客户不要急于求成，你说得越多，客户反而越怀疑，曾经被骗的经历会让他们对眼前的你产生不信任的感觉。你一定要找出他们无法接受你推销的产品的真正原因，想办法消除他们的心理障碍，让自己成为客户的朋友，这样客户才会和你签单。

　　美国汽车大王福特说过一句广为人知的话："成功没有什么秘诀可言，如果非要说有的话，那就是时刻站在别人的立场上。"销售员只有多为别人着想，了解了别人的想法，才有利于沟通，最重要的是你借助别人的"要害点"可以做到有的放矢。在销售活动中，如果学会时时站在客户的角度上分析问题，你的销售业绩将会超出你的想象。

　　钢铁公司总经理乔治想为公司买一座房子，他青睐于房产业知名人士莱特，然后对他说："莱特先生，我们钢铁公司过去很多年租住的都是别人的房子，真希望可以拥有一栋自己的房子。"此时，乔治的目光透过窗户，看着外面繁华的街景说道："希望我新买的房子也可以看到这样的景致，你能帮我物色一下吗？"莱特花了很长时间琢磨乔治想要的房子，他画过图纸，造过预算，但还是找不到头绪。在很多可以考虑的房子里，最佳的选择就是乔治的钢铁公司所在的那栋楼房，因为只有那栋房子可以看到乔治要求的街景，但是乔治的同事们希望能买到一栋新房子。

　　当莱特再次与乔治谈这件事情的时候，遭到了乔治的拒绝，乔治表示他不可能对一栋旧的房子感兴趣，他所需要的是一栋新房子。乔治说这些的时候，莱特并没有表示反对，他只是安静地听着。他运用了换位思考的方式，站在乔治的立场上，分析了一段时间后发现，乔治想要的房子，其实就是他自己所反对的那栋旧房子，只是乔治现在还不知道自己真正想要的是什么而已。

得到这些信息后，他开始向乔治提出如下的问题："乔治，当初你刚刚创业的时候，你的办公室在什么地方？"乔治回答："这里。""你的公司成立的地点是哪里？""也是这里，就在这个办公室里。"他一字一句地说问完这些后，莱特就什么都不说了。大约过了15分钟后，乔治突然说："是啊，这所房子才是我应该购买的房子，毕竟这是我们公司的发祥地啊！见证了我们的起步和发展，还有什么地方比它更有意义呢？您真是考虑得太周到了。"

说完这些，乔治迅速同意购买这栋旧房子。于是在很短的时间内交易就达成了。并没有什么特别的手段，也没有什么华丽的语言，莱特简单地完成了推销。

莱特只是一名普通的销售员，从外表看跟其他销售员没什么区别，成功的奥妙何在？就在于他考虑了乔治的真正需求，他站在乔治的立场上分析了乔治想要的房子，考虑到乔治并不想因为购置房子而承担不必要的风险，然后销售员运用很巧妙的方法刺激了乔治的心理需求，使乔治明白自己真正想要的房子是哪栋。莱特就这样分析出了乔治的真实意图，帮助乔治解决了心理矛盾，从而成功地完成了推销。

总的来说，要使客户与你开心地合作，最重要就是要学会站在客户的立场上，为客户设身处地地着想，规避他们的风险。只有站在客户的立场上，你才能掌握客户的真实意图，才能明白客户的需求，推销才能顺利完成。

冠军销售员都懂的成交心理学

一般来讲，客户怕被骗和承担风险的心理会让你们的沟通产生障碍，但同时也会给你带来机会。这一类客户常常是想买产品，但是他们总希望你能把价格降了再降，所以会以同类商品如何优惠的说辞来刺激你，你在与客户交谈时要让客户了解，任何一种商品都不可能在各方面占优势，你要重点告诉客户他买你的产品能获得什么好处，以此来满足客户的需求和减轻他担心买贵的顾虑。如果有什么优惠活动，也要提前通知客户，把利益的重点放到客户身上，让客户觉得自己是获利而不是被风险所笼罩。

客户怕承担风险还表现在担心商品的质量或功能，对商品没有充足的信心。此时，你不妨直接对客户说出产品的缺点，这比客户自己提出来要好很多。销售员为客户规避怕被骗的心理，这样做的好处是：

第一，客户会对你产生信任感，觉得你没有隐瞒产品的缺点，是个诚实的销售员，这样客户就愿意与你进一步交流。

第二，客户会觉得你很了解他，把他想问而未问的话回答了，他的疑虑就会减少。

第三，销售员坦诚地说出商品的缺点，可以避免和客户发生争论，而且能使你和客户的关系由消极的防御式变成积极的进攻式，从而达成销售。

销售人员在销售的过程中要尽自己最大的能力来打消客户怕承担风险的顾虑心理，让他们感觉自己所购买的商品物有所值。销售员要做到向客户保证，让他们感觉自己决定购买的动机是非常明智的，而且钱也会花得很值；而且，购买你的产品是他们在价值、利益等方面作出的最好选择。

5.少花钱是他们的最终目的

人人都有求廉的心理，相同的产品只要你比其他地方便宜，人们就会争相购买。少花钱办大事是很多人的梦想，销售员可以利用这一特点为自己的成功开辟道路。只要运用得当，会让你的销售业绩节节攀高。

少花钱办大事反映了人们的求廉心理。所谓"求廉心理"，就是以追求商品价格低廉为主要特点。这类客户购买商品时最注重的就是价格，少花钱买到高价值的东西，或者对款式、品牌等不太计较，喜欢购买折价及优惠价商品。

每个人都想购买价廉物美的商品，这是人的本性决定的。"求廉心理"在消费者去购物场所购买产品时表现得较为突出，在销售中表现得尤为突出。这主要是因为销售员进行推销就给了客户一个廉价的信号。这种产品无须做广告，不用进超市或商场，所以各种费用自然也就节省下来了，除了人力成本费用以外，推销产品的额外费用是相当低的，而且这种产品大多是从厂家直接提货，节省了中间商的层层利润，直接走向终端，价格自然就降下来。

销售员如何利用"求廉心理"销售产品呢？利益是销售陈述的重点。销售员要确保解决方案和产品利益要与客户需求之间的精确匹配，客户不会理解那些他们不清楚的特性，也不会重视那些与他们的实际需求无关的利益。再者就是向客户介绍不超过三个最重要的且能满足客户需求的优点和利益点，以最大化的利益诉求去打动客户。

小谢所任职的家用打字机商行生意不错，从早上开门到现在已经卖出去好几台了，当然小谢的功劳是很大的。此时，又有一位客户来询问家用打字机的性能，小谢介绍道："新投放市场的这类机型的家用打字机采用电动控制装置，操作时按键非常轻巧，自动换行跳位，打字效率比从前提高了15％。"

他说到这里略加停顿，静观客户的反应。当小谢发现客户的目光和表情已开始注视家用打字机时，他觉得进攻的途径已经找到，可以按上述思路继续谈下去，而此时的谈论重点在于把家用打字机的好处与客户的切身利益挂钩。

于是，他紧接着说："这种家用打字机不仅速度快，可以节约您的宝贵时间，而且售价比同类产品还略低一点！"

他再一次停住话题，专心注意对方的表情和反应。正在倾听的客户显然受到了这番介绍的触动，心里可能正在思量："既然价格便宜又可以提高工作效率，那它准是个好东西。"

就在这时，小谢又发起了新一轮攻势，此番他逼得更紧更紧了，他用聊天拉家常的口吻对客户讲道："先生看上去是个大忙人吧，有了这台家用打字机就像找到了一位好帮手，您再也不用担心时间不够了，这下您就有时间陪伴您的太太了。"小谢的一席话说得对方眉开眼笑，开心不已。小谢一步步逼近客户的切身利益，抓住对方关心的焦点问题，成功地敲开了客户的心扉，一笔生意自然告成。

从这个案例中可知，少花钱而且得到了实惠是客户的目标。我们可以看出，确保销售员所介绍的产品可以为客户带来他需要的利益是一种销售技能，也是深入获得客户信任的一个有效方法。故事中的家用打字机推销员小谢，就是利用少花钱的利益陈述法实现成交的。

在开始时他只是简单、准确地介绍了家用打字机的优点，接下来仔细观察客户的反应，这是一种试探性的观察，目的在于寻找进攻的突破口，只有善于察言观色的推销员才能做到这一点。当发现客户已开始对家用打字机发生兴趣时，他才进一步谈下去，针对客户的需求，把家用打字机的好处与客户的切身利益挂钩，深入到客户的内心，让客户觉得如遇知音。这个过程需要销售人员对自己的产品非常熟悉，且有很强的逻辑思考能力。

在促成销售的过程中，利益陈述是销售员需要掌握的技能之一。所有的产品都有其独具的特征，是其他竞争对手的产品无法比拟的，但是怎样用利益陈述法让客户印象深刻才是关键。在特征、优点以及利益的陈述方法中，只有利益陈述法是需要双向沟通来建立的。

在与客户双向沟通的时候，我们常说"话不投机半句多"。假如销售员也出现这种情况，接下来的僵局就很难应对了。因此在与客户交流时，一定不要耍嘴皮子，要把话说到客户的心坎儿上。但如何才能把话说到对方心坎儿上呢？那就是说客户想听的话。客户想听什么话呢？客户想听他感兴趣并且对他有好处的话。那么哪些话、怎样说客户才想听呢？以下几个建议或许对你有用。

一、怎么样节约开支

处在这样一个微利时代，节约开支就等于获得利润，这几乎已经成了大家的一个共识。如果你对客户说："假如我告诉您，您若使用这款节能产品明年可能会节省原来20％的开支，您一定感兴趣，对吗？"那么你们之间的距离就会迅速拉近。

二、怎么样节约时间

时间就是生命，大多数人都沉沦于忙碌之中痛苦不堪。如果你跟客户说："我们这款按摩保健产品，能让你每天安心睡到天亮。"那客户就会对你的产品兴趣大增。

客户普遍存在少花钱的求利心理，这是一种"少花钱多办事"的心理动机，它的核心是"廉价"。有求利心理的客户在选购商品时，常常会对同类商品之间的价格差异进行认真的比较，还喜欢选购打折或处理商品。具有这种心理动机的人以经济收入较低者为多；当然，也有经济收入较高而勤俭节约的人喜欢精打细算，尽量少花钱。有些希望从购买商品中得到较多利益的客户，对商品的花式、质量很满意，爱不释手，但因为价格较贵，一时下不了购买的决心，就会讨价还价。

6.满足客户占小便宜的爱好

销售员有"利他"的思考方式，就会增加成交的机会。这就是说抓住那些爱占小便宜客户的心理，让自己的销售方式变得灵活起来，这样不但满足了客户的购买欲，也让自己的销售风生水起。

有人说，"钱从客户口袋到销售人员口袋这一段距离是世界上最长的距离"，这句话形容得很贴切。只要客户不掏钱出来，我们就永远得不到，所以如何缩短这一段距离就显得至关重要。销售员要积极研究客户的心理，让销售成交不再遥远。

与客户的沟通以及相处中应随时以"利他"的方式去进行思考，怎么样去帮助客户？怎么样才能让客户处在最佳利益的状态？怎么样才能让客户觉得贴心？怎样帮客户解决困扰才会让客户喜欢买你推销的产品？才会让客户将你视为朋友？利他的思考方式可以让我们跟客户站在同一阵线去解决问题，你是他的最佳战友，你也可以让一些小利益小便宜给你的客户。

适当地出让一些小便宜，是促成你销售的润滑剂。爱占小便宜几乎可以算得上是人性的一个特点，每个人都希望吃到一次"免费的午餐"。在很多情形下，对想得到一点优惠、占点小便宜的心理进行深度透析，你会发现爱占小便宜这种心理有时更多的不是功利上的考虑，而是为获得占到"小便宜"后愉悦轻快的好心情。

在平时的经营中，小王经常利用客户爱占便宜的心理推销产品。以前卖玩具或者闹钟，一般定价都很低，配电池再另外算钱，算起来的利润并不高，可是很多客户对此却并不买账。"老板，人家买闹钟都是免费送电池的。""老板，买玩具还要自己买电池啊？""不好意思，您也看到电池都是刚才我自己安上去的，厂家并没有配送……"可是，不管小王怎样解释，都不能令客户满意。有的客户不能接受自己掏钱买电池，愤愤离开。为了留住客户，小王不得不忍痛让利。后来，小王抓住客户爱占便宜的心理，把零售价适当调高，电池作为赠品免费送给客户，保证了自己的利润的同时，客户几乎都能满意而去。

只是换了种方式，客户就以为捡到了便宜，高高兴兴地购买了小王的产品离开了。在和客户的谈判中引入一些小礼物，几乎可以在任何问题上帮助你获胜。当客户占到了便宜，心情愉悦的时候你的销售已经差不多完成了。通过这种方法，让客户依赖你、喜欢你、接受你，当客户对你产生依赖性、喜欢或接受你这个人的时候，自然也会比较容易接受和喜欢你的产品。

这种客户多数是精打细算，爱占一些小便宜，小气短视且不知足，但精明能干。通常对付此种客户可先给予小礼物，且事先提高一些价格，让客户有讨价还价的余地。这样的客户如何去辨别和应对，全靠业务人员的观察力、判断力及经验去巧妙运用。

有一家卖电脑的商店，店里面除了电脑以外还陈列着各种各样的物品，有靠枕等各种小件家居用品，有咸蛋超人等各种儿童玩具，还有很多小工艺品，软件等等，非常之多，使得店里面拥挤杂乱，但这个店的生意却非常好。

当客户来购买电脑的时候，经过一番谈判，客户累了坐下来喝杯茶，会发现这里的茶味道非常好。等终于谈定了生意，客户要走的时候，忍不住问店主用的是什么茶叶，这时店主就会送给客户一包茶叶。客户意外地得到店主的馈赠，心里当然特别高兴。其实，店主早已经买好了很多茶叶存在店里。如果客户是带了孩子一起来的，那会引起孩子兴趣的东西就更多了，店主到时候可以送的东西也就更多了。但是，店主并不会主动送东西给客户，而是等着客户看中了店里的某一样东西提出要求时，店主才非常"慷慨"地送给客户。

实际上，不少客户在购买了电脑之后都会因为奇怪店里面为什么摆放着那么多东西而问店主，是不是可以送点什么给他。因为感觉自己和店主做了宗大生意，总是得该有点什么东西赠送啊！店主就是利用人们这一种想占小便宜回去的心理，故意不说出是赠品，而在客户提出要求后装作是"慷慨"地送给客户。在这种情况下，客户反而觉得是自己占到了便宜。

值得一提的是，例行的公开可占的小便宜已经不能让客户感到欣喜。实际上，有些特色优惠、特色服务，销售员尽管已有准备，但却大可不必公开，等客户开口提出要求以后再慷慨应承，这样效果反而更明显。毕竟有几分小小的意外，才能收获那份占到"小便宜"后小小的窃喜。深度了解你的客户心态，你才能认识到他们的可爱之处，才能体会到销售艺术的巧妙所在。

"天下没有免费的午餐"，可是几乎每个人都希望吃到"免费的午餐"，而销售员也正好能够让客户适当占点"小便宜"吃到"免费的午餐"，用"小便宜"这点小利换来大客户。优惠打折、免费送货、赠品，种种"小便宜"都可以让客户感到喜悦，让客户满意而归，成为我们的回头客。

7.表面上要满足客户的利益要求

客户感觉到自己能够获利，才有可能跟你合作。销售中，把握好客户的心理才是终极的制胜法宝，销售员深知每个客户其实都只关心自己的利益，许多客户甚至会为了掩饰自己想得到优惠的心理而故意说一些善意的谎言，以掩饰自己的真实利益。所以，肯为客户着想，你的销售才会做得顺畅。

客户能从你这里获利，他们才会购买你的产品和服务。因此，不论做什么事情，销售员都要设身处地地去为客户着想。正如孔子所言："己所不欲，勿施于人。"身为一名尽责的销售员，应遵守商业道德，不要只为赚取更多利润而硬将顾客不需要或品质差劣的产品推销给他。试想，如果你也遭受这种待遇，滋味又会是如何呢？

销售员要知道客户所需要的是什么，然后针对他的需要，对客户说些他们想听的建议，而不是硬向客户推销你想卖出去的产品。这就好比是钓鱼时用的鱼饵，不是你所喜欢吃的东西，而是鱼所喜欢吃的东西。销售员与客户交谈沟通时，要肯为他着想，不要忘了"投其所好"。自己时刻想着客户最关心的是什么？自己将如何满足他的需要？

满足客户的利益要求，也就是满足客户自我需要心理的需求。客户一般都存有重视自我的心理，这包含两层含义，一是对自身的关心和保护；二是希望得到他人的关心和重视。在购买的过程中，客户也具有这样的心理，会特别注重商品对自身的价值，同时也希望得到销售员对自己的关心和重视。假如产品不错，销售员又对自己表现了足够的重视，那么客户就会非常乐意购买他的产品。

小王、小李两个销售人员到同一个客户那里推销商品。销售人员小王到了客户的家里，就开始滔滔不绝地介绍自己产品的质量多么好，多么畅销，如果不购买的话会多么可惜，结果客户毫不客气地打断了小王的介绍，说："不好意思，先生，我知道你的产品很好很畅销，但是很抱歉，我完全不需要。因为它不适合我。"小王只好很尴尬地说抱歉，然后离开。

等到销售人员小李到该客户家里推销时，却是另外一种情况。小李到了客户的家里，边和客户闲聊边观察客户的家具布置，揣测客户的生活档次和消费品位，并和客户家的小孩玩得很好，似乎小孩已经喜欢上了这位叔叔。同时小李在向客户介绍自己的产品时，先询问客户需要什么样的款式和档次，并仔细地为客户分析产品能够给客户带来多少潜在的利益。比如，会给客户省下多少开支。最后小李并没有把自己的产品卖给客户，而是说公司最近会推出一款新机型，特别适合客户的要求，希望客户能够等一等，自己过段时间再来。

小李的一番言语让客户非常感动，因为销售人员小李切实地从客户的立场出发，为客户考虑了很多，表现出对客户的真诚和关心，使客户得到了真正的实惠，赢得了他们全家人的信任。

当小李再次来到客户家中的时候，还给客户的小孩带了小礼物。小李受到了客户的热情接待，并且很顺利地使客户购买了他公司的新产品。之后，销售人员小李和客户建立了长久的销售关系，客户从他那里买走了很多产品。

上面的例子让我们知道，客户需要得到销售人员的关心和重视，需要得到适合自己、能给自己带来实惠的产品和服务。销售人员真诚地为客户考虑了，让客户感受到了关心，客户才会和你达成交易，甚至和你建立长期的伙伴关系，实现彼此的"双赢"。

从事销售的过程中，销售员要把客户当作跟自己合作的长久伙伴，而不是时刻关注怎样最快地把商品卖给客户。销售员唯有把顾客的问题当作自己的问题来解决才能得到客户的信赖。适当地为客户着想，会使销售人员与客户之间的关系更趋稳定，也会让你们的合作更加长久。

一位推销专家曾说："销售是一种压抑自己的意愿去满足他人欲望的工

作。毕竟销售人员不是卖自己喜欢卖的产品，而是卖客户喜欢买的产品，销售人员是在为客户服务，并从中收获利益。"所以在推销活动中，最重要的不是销售人员自己，而是客户。"客户至上"，应该是销售人员应该遵循的根本原则。能否站在客户的立场上为客户着想，才是决定销售能否成功的重要因素。

在销售过程中，不少销售员的心里都有这么一个原则，那就是"以赢利为唯一目标"。在这一原则的指导下，很多销售人员为了使自己获得最多的利益，总是不惜去损害客户的利益。他们或是诱导客户购买一些质劣价高的商品，或是达成交易后就感觉事情已经与自己无关，不管客户在使用商品的过程中会出现什么问题。其实，这样做可能会在短期内获得不菲的收益，但从长远的角度看，对销售员的发展却是有害的。因为如果客户的利益受到损害，对销售人员的信赖度就会降低。长此以往，就会导致销售人员的客户不断流失，从而使自身的利益受到巨大的损失。

事实上，很多销售人员视野稍显狭隘，他们总是一味地关心自己的产品是否能卖出去，一味夸赞自己的产品多么先进、多么优质，而不考虑是不是适合自己的客户。这样做给客户的感觉就是你只关注自己的产品，只注重自己能赚多少钱，而没有给他足够的关心和重视。客户的心理需求没有得到满足，自然就毫不犹豫地拒绝你的产品了。

因此，让客户满意的根本，是销售员要让客户感觉到销售人员是在为客户谋利益，而不是为了获得他口袋里的钱，这样才有助于化解彼此之间的隔阂，真正达成销售的目的。

8.客户的逆反心理超级强

逆反心理是指人们的一种与常规相反的意识和行动，当销售人员拒绝客户购买某产品时，客户反倒非要买来用用，结果是客户自己说服了自己。销售员在向客户推销商品的时候，一方面要避免引起客户的逆反心理，使之拒绝购买自己的商品；另一方面，还要学会刺激客户的逆反心理，引发客户的好奇心，让客户产生强烈的购买欲望，使自己能够销售出更多的产品。

如果销售员不懂得客户的逆反心理，在销售中总是只顾自己滔滔不绝地介绍，而不理客户的感受，结果只能是一次又一次地遭受到客户的拒绝。所以，销售员只有适应客户的逆反心理才能成功。

心理学这样说："逆反心理指的是人们彼此之间为了维护自尊，而对对方的要求采取相反的态度和言行的一种心理状态。"逆反心理是一种普遍的、常见的心理现象，广泛存在于人类生活的各个领域和层面，当然也同样存在于消费者的消费活动中。许多客户在购买产品时会表现出一定的逆反心理，比如销售员越是苦口婆心地把某个商品推荐给客户，客户就越会拒绝，这是在销售活动中十分常见的现象。

还比如客户的欲望被禁止得越强烈，他们内心所产生的抗拒心理就越大。销售员越说好的产品，客户越看不起，这种与常理背道而驰，以反常的心理状态

冠军销售员都懂的成交心理学

来显示自己的"高明""非凡"的行为，常常来自于客户的"逆反心理"。

　　布希耐是美国艾士隆公司的董事长，他在一次效外散步途中偶然看到几个儿童在玩一只肮脏并且非常丑陋的昆虫，并且对其爱不释手。布希耐突发奇想：市面上销售的玩具一般都是形象优美的，如果生产一些丑陋的玩具，又将怎么样呢？

　　事不宜迟，他让自己的公司研制一套"丑陋玩具"，并迅速推向市场。结果一炮打响，"丑陋玩具"给艾士隆公司带来了巨大收益，并使同行们也受到了启发，于是"丑陋玩具"接踵而来。如"疯球"，就是一串小球上面印上许多丑陋不堪的面孔；又如橡皮做的"粗鲁陋夫"，长着枯黄的头发、绿色的皮肤和一双鼓胀且带血丝的眼睛，眨眼时会发出非常难听的声音。这些丑陋玩具的售价虽然超过正常玩具，却一直畅销不衰，而且在美国掀起了一场行销"丑陋玩具"的热潮。

　　布希耐获得销售的成功主要就是抓住人们不合常规的逆反心理，把"丑陋玩具"的创意推向了市场。掌握客户逆反心理的来由，是销售员与客户顺利进行感情交流的前提。只有彻底了解了客户产生逆反心理的原因，才能在与客户的沟通中巧妙应对。

　　很多客户都存在着一定的逆反心理。销售员向客户推荐某种产品的劲头越大，客户越是表现得小心谨慎；销售员越是真诚热情，客户越是表现得爱搭不理。而越是不出售的产品，客户越想得到，正所谓"牵着不走，打着倒退"，说的就是这种现象。那么从销售员自身来说，要学会不按常规出牌，迎合客户的逆反心理，借助客户的逆反心理达到销售的目的。

一、想办法将客户的逆反心理降低

尽量压缩不必要的陈述。销售员的陈述会给客户制造产生逆反心理的机会，因为销售员的陈述通常都是告诉客户一个观点和立场，这很容易让客户提出反对意见。对策是向客户提出问题，从而减少陈述的出现，用问题引导客户，让销售工作顺利进行。

从客户的角度去思考。销售员可以在和客户沟通的过程中把自己放在客户的位置上想问题。试想一下：如果我是客户，对某种观点会存在哪些分歧。然后在交谈中事先把逆反分歧说出来，让对方无话可说。

提高在客户心中的可信度。销售员在客户心目中的可信度越高，就越能缓解客户的抵制心理，客户的态度也就越积极。

二、自贬自己的产品

俗话说："王婆卖瓜，自卖自夸"，卖瓜的都说自己的瓜甜。可是在应对存在逆反心理的客户时，可以适当采用贬低自己产品的方式。例如一个手表的"扬短"广告，声称该表走时不太准确，一天慢24秒，请顾客买时考虑。

客户的逆反情绪会让他们产生"你越自夸，我越不信；你越说不好，我越信你"的心理。销售员要适应客户不断变化的心理状况，用固定不变的方式去销售只会让客户产生心理疲倦。"质量可靠、实行三包、享誉全球"，客户对这样的话听多了，并不觉得有什么稀奇。而一些违背常理的销售手段，往往能吸引那些心理逆反的客户。

三、打出限量购买的幌子

一些产品打上"每人限购一件"等类似的广告字样，利用客户的逆反心理，吸引客户的注意，无形中勾起了客户的购买欲望。很多客户看到促销广告后会认为产品数量不多了，非要多买几件，过后还为自己没被销售员发现而暗自窃喜；还有些客户本来只想买一件的，看到广告也要多买。这种限制客户购买数量的方式，会大大激起客户的逆反心理，无形中提高销售业绩。

四、虚心向客户请教

假如销售员说一句，客户顶一句，那你不妨停止陈述，反过来请教客户。运用顾客的逆反心理，由推销产品改为拜师学艺，从而满足客户的虚荣心，使客户内心舒畅。这样一来，客户常常会反过来一面指导你，一面给你打气，交易很可能就会在这种情况下完成。

销售员不应惧怕客户的逆反心理，而应积极加以引导。客户的好奇心能克服他们的逆反心理，从而把注意力转移到对产品和服务的了解上，同时活跃交谈的氛围。这是销售员引导客户进行有效沟通的最佳途径之一。

第七章
形象销售要"出彩"，销售自己更重要

想让客户接受我们的产品，就让客户首先接受我们的人。自我的形象是人际交往中最锋利的一把刀，也是最有效的销售工具。俗话说："第一印象价值百万。"销售人员首要具备的条件是一副很干练的形象，你的装扮和礼貌散发出的化学作用，会使你有如天赋神力。打造好自己的形象，不仅是成为一流销售高手的基本要求，要在人群中受到欢迎，这也是必备条件。销售自己是能够助你走向成功的不折不扣的高效"通行证"。

1.疯狂卖手不留疯狂发型

销售影响力有时候不单单体现在言行上，还体现在仪表上，因此为了增强你在客户中的影响力，在销售时，一定要注意自己的仪表。要显现出自己作为销售员精明干练的一面，女销售就要把长发扎起来，男销售就要把自己打理干净。销售员只有把自己整理清爽干练了，才会给客户传递出积极的信号。

日本推销界流行一句话：你如果想要成为第一流的销售人员，就应该先从仪表修饰做起，先用整洁得体的服饰来装扮自己。一旦你决定进入销售行业，就必须对自己的仪表投资，这样才会让客户在看到你的第一眼就引起重视。所以，这种投资也绝对是值得的。

男销售员的头发要以清爽干净整洁为主，不能太拖沓，最好剪成很有朝气的短发；女销售员可以扎起头发，让自己显得干练。因为头发扎起来，传递给人的是一种专业、干练、精明的印象，客户就觉得可以信赖，值得托付。扎起头发代表一种严谨的工作作风。

如果销售人员仪表不好，凝聚力不强，工作不尽力，就不能满足现在的客户越来越多的要求。优秀的销售员不仅在外型上打理得精明干练，他们还能坚持制定详细周密的计划，然后坚决执行。在销售工作中没有什么神奇的方法，有的只是严密的组织和勤奋的工作。"我们最棒的销售员从不拖拖拉拉，"一家小型企业的总裁说，"如果他们说他们将在六个月后继续会面，那么你可以相信六个月之后他们肯定会来到客户面前的。"优秀的销售员依靠的是勤奋的工作，而不是运气或是雕虫小技。"有人说他们能碰到好运气，但那是因为他们早出晚归，有时为一项计划要工作到凌晨两点，或是在一天的工作快结束、人们都要离开办公室时还要与人商谈。"有这种扎起头发的气质加上吃苦耐劳的精神，销售业绩很难不上升。

有一个女销售员找资深的销售经理请教问题："为什么我卖东西总是卖不出去呢？怎么做才能让商品卖出去啊？"

通常别的销售员问这个问题的时候，这位销售经理会问他诸如"你平时都是怎样跟客户打招呼"之类的问题，但是销售经理一看这位女销售员就立刻明白了她东西卖不出去的原因了。销售经理给了她一个建议："把你的头发扎起来试试看。"

没过几天，这个女孩反馈说："经理，真的很管用啊，比平时好卖多了，销售额涨了20%，谢谢你！"

为什么要把头发扎起来？其实，其中的奥妙很简单，长头发如果遮住了脸就让人觉得整个人的状态很暗。潜意识里谁都不愿意靠近感觉很暗的人，所以长头发的销售员就应该想点办法让头发不要遮住脸。把头发扎到后面，左右别两个发夹，露出额头，整个人的感觉会瞬间亮起来。就这么简单的一个方法，就能让销售额涨20%。女销售员们要是不相信的话，可以尝试一下。

销售这一行的主角是商品本身，如果销售员的服饰打扮比商品还要耀眼的话，客户就不能将注意力集中在商品上，购买的欲望也就下降了。销售员的工作是让客户对商品产生兴趣，所以销售员绝对不能把自己打扮得过于耀眼。

干练的销售员一定会替客户着想。我们与客户合作一定要追求双赢，特别是要让客户也能漂亮地向上司交差。我们是为公司做事，希望自己做出业绩，别人也是为单位做事，他也希望自己能把事情办得漂亮。

将头发打理好也是对客户的一种尊重。每个人都需要受尊重，客户也不例外，都需要获得别人的认同。对于客户给予的合作，你一定要心怀感激，并对客户表达出感谢。而对于客户的失误甚至过错，则要表示出你的宽容，而不是责备，并立即共同研究探讨，找出补救和解决的方案。这样，你的客户会从心底感激你。

处在一个职位上，就要把自己最专业的一面展示出来，切不可使自己的仪表形象与职业打扮不相符。这传递的是一种态度，把自己放置得过高，找不准位置，目中无人、不可一世，说话做事肆无忌惮、张牙舞爪的人，不仅不能进步，还可能处处树敌，在销售的道路上失去许多有益的帮助和有力的支持，错过很多机遇，最终一事无成，留下不可弥补的悔恨和遗憾。

作为一个销售员，头发是你给客户的第一眼，一定要有型整齐。男性销售员不能留长发，也不能留怪异的发型。因为头发是男性稳重可靠的象征，你的新颖可能很时髦，却让客户感觉靠不住，又怎么会和你做生意呢?

整理好自己的头发只是销售员打造干练形象的一方面，销售员在与客户的交往中应该注意个人的仪表，以求给客户留下良好的第一印象。销售员要多说"我们"少说"我"，使客户感觉到销售员和自己的。销售员与客户握手时必须保持热情和自信，如果态度过于严肃、冷漠、敷衍了事，客户会认为你对他不够尊重或不感兴趣。

2.你的着装也是产品的包装

销售员注重个人形象、注意小节才会给自己加分。一个人以什么样的形象展现在社交场上，可以说也是一种习惯。尽管有一些名人因穿错鞋子、系错纽扣而留下一些笑话，但并不能抹杀他们的杰出成就。不过销售员的着装如果太过马虎，就会给客户留下很差的印象，即使产品再好，客户也不会信任你并与你合作。

很多销售员由于不重视自身的销售形象，仅仅被一些频繁接触的老客户认可，而在新认识的客户面前因形象不职业就失去了很多签单成交的机会。销售人员向客户销售产品，就是向客户销售你作为机构和产品代言人的形象。客户不会花很长时间去了解一个销售员到底是否是职业的、优秀的，客户对于销售员的评价几乎都是从第一个印象得来的。假如你给客户留下很没有品位的第一印象，那么就会给以后的销售工作带来阴影，你甚至需要加倍的努力来改变客户对你的负面印象。

销售要凭借销售形象魅力和能力才可以成功，业绩好不好，还得看你外在的形象包装。卖产品不如卖自己，这句话道出了作为一个合格销售员应该达到的职业形象素质。因此，销售人员在面对每一位潜在客户之前，都应该想清楚自己的个人销售形象定位。比如，你卖的是怎样的产品，你卖的产品具有什么特质和核心诉求，你用哪种形象风格能够更好地诠释你要销售的产品，等等。把这些问题解决了，客户才会经常光顾，业务自然会一直好下去！

李明是一家公司的总裁，他曾经碰到过一位不修边幅的销售员。

一天，一位办公用品销售员来到李明的办公室。这个销售员穿着一件领口和袖口都已经脏了的衬衫和一条皱巴巴的裤子，用含糊不清的话语说："早上好，先生。我代表某办公用品公司……"

"什么？"李明很不高兴地问，"你代表某公司？年轻人，我认识某公司的董事长和经理，他们都是做事认真、重视他人看法的人，你错误地代表了他们。把资料放在这里，你先回去吧。"

这名销售员为何遭到了拒绝？很显然，他给客户的第一印象就不好，所以客户也就不会给他销售的机会。我们在拜访客户时一定要注意自己的仪表，给客户留下一个良好的第一印象。

那么作为销售员，尤其是男性销售员，我们该如何塑造自己，才能让良好的仪表为我们的销售加分呢？

一、着装要符合身份和场合

正确的着装在正式的商务场合中能够显示出我们的庄重、严谨，给客户一种专业、认真的形象。

绝大多数情况下，销售员不应戴帽子、围巾。西装的款式包括两件套、三件套、单件西装与西裤搭配。这三种款式中，前两种比较正规，在重要场合要穿

冠军销售员都懂的成交心理学

前两种西装。颜色方面以藏青、深蓝、灰色和米色为主；不要穿白色、红色、黑色和绿色的西服。一般穿西装只扣第一个扣子；如果是三个扣的西装，可以扣前两个扣子；坐下时应解扣，站起后应随手将扣系上。

正装衬衫以无任何图案为佳。在一般性的商务活动中可以穿着较细的竖条衬衫，但必须禁止同时穿着竖条纹的西装。

男士服饰中的领带也是很重要的表现方面。销售人员外出前或要在众人面前出现时应系领带，并注意与西装、衬衫颜色相配。领带不得肮脏、破损或歪斜松弛。

西装、衬衫、领带的搭配最好不要超过三种颜色。

二、头发要整洁有型

作为一个销售员，头发一定要整齐有型，不能留长发，也不能留怪异的发型。头发是男性稳重可靠的象征，你的新颖的发型可能很时髦，却让客户感觉靠不住，又怎么会和你做生意呢？

三、胡须要刮干净

建议销售员最好不要留胡子，年轻人留胡子会给人不修边幅的感觉，会让客户感觉其对待工作不负责任。

四、穿西装要配皮鞋

如果我们见客户时穿的是西装，那么就一定要配上皮鞋，并且要保证皮鞋干净发亮。

女性销售员的仪表具体应注意以下几点。

一、着装要正确

女士服饰包括帽子、职业装、裙子、裤子、提包与配饰等。女士在商务场合也不应戴帽子，晚宴除外。女士在商务场合应着职业装，款式分为职业套裙或西装（裤装）。女性销售员要保持服装淡雅得体，不得过分华丽。

裙子不能太短，不要穿牛仔裙或带穗的休闲裙。如果是裤子的话要保持平整，但是不能穿过瘦的裤子，也不要穿吊脚裤。

二、化妆要淡雅

女性销售员最好是化淡妆，口红以浅色调比较好，最好是接近本色。

三、不留长指甲

尽量不要留长指甲，如果抹指甲油也最好是浅色。

四、佩戴首饰要低调

女性可以带比较细小的项链和耳坠，不宜过大过粗。商务场合不适合戴太多的首饰，一般不超过两样，首饰的款式不要太夸张，不要戴时尚的工艺首饰。

五、尽量穿高跟鞋

女性在商务场合最好穿高跟鞋，这样会显得更加职业。一定不能穿拖鞋，有的女性销售员由于天热，就穿着拖式凉鞋拜访客户，这样会显得太随便了。

注重自己的形象就是注重自己的销售，不要因为自己随便的形象而丢掉价值百万的订单。销售员给客户留下的第一形象在整个销售过程中起着十分重要的作用，可以说我们的形象"价值百万"。如果因为不注意形象而让客户对我们的评价大打折扣的话，那么我们就有可能失去一张价值百万的大订单。

冠军销售员都懂的成交心理学

3.你的服饰还在为你"丢人"吗?

饰品虽小,但如果销售员搭配不当就可能成为自己销售的"拦路虎"。销售人员服饰的基本要求是干净整洁,既要符合时尚美感,又要恰当地体现个性的风采。干净整洁、搭配协调、适合自己的着装,会在举止之间流露出自然的美感和迷人的魅力。销售员要努力让饰品为自己的销售发挥出正能量。

饰品也能左右销售业绩?答案是肯定的。销售人员与客户会面时要衣着得体,得体的衣着对于销售人员来说就相当于一个赏心悦目的标签。所以,销售人员一定要根据自己所处行业的特点选择适合的衣着,以便给客户留下良好的合作印象,拉近与客户的距离。

选择饰品前,销售员首先要选择好服装。需要注意的一点是,不论哪一种服装,都必须是整洁、明快的,而且服饰的搭配必须和谐,千万不要为了追求新奇而把自己打扮得不伦不类。为此,销售人员实在有必要经常留心身边气质不凡的上司或同事,以及比较专业的杂志或电视节目等。

如果客户第一次见你,就对你的着装不当感到不舒服,那么你此前通过电话或者电子邮件、信件等建立的良好客户关系可能就会在客户看见你的一刹那全部化为乌有。要想使客户对你的恶劣印象发生转变,那就要在今后的沟通过程中付出加倍的努力,更何况,有时候不论你付出的努力有多少,客户往往会受第一印象的左右而忽视你的努力。

所谓得体的衣着打扮，不是必须要求所有的销售人员都穿着名贵衣物。事实上，华丽的服饰不一定适合所有的人、所有的场合，而且也不见得会得到客户的认同。作为一名专业的销售人员，必须根据本行业的特点选择合适的衣着，一般情况下做到朴素、整洁、大方、自然即可。

刚入行做销售代表的时候，法兰克的着装打扮非常不得体，他公司一位最成功人士对法兰克说：

"你看你，头发长得不像个销售员，倒像个以前的橄榄球运动员。你该理发了，每周都得理一次，这样看上去才有精神；你连领带都不会系，真该找个人好好学学；你的衣服搭配得多好笑，颜色看上去极不协调。不管怎么说，你得找个行家好好地教你一番。"

"可你知道我根本打扮不起！"法兰克犹自辩解。

"你这话是什么意思？"他反问道，"我是在帮你省钱。你不会多花一分钱的。我跟你讲，你去找一个专营男装的老板，如果你一个也不认识，干脆找我的朋友斯哥特，就说是我介绍的。见了他，你就明白地告诉他你想穿得体面些却没钱买衣服，如果他愿意帮你，你就把所有的钱都花在他的店里。这样一来，他就会告诉你如何打扮，包你满意。你这么做又省时间又省钱，干吗不去呢？这样更易赢得别人的信任，赚钱也就更容易了。"

这话听起来真新鲜。要知道，他这些头头是道的话，法兰克可是闻所未闻的。

法兰克去了一家高级的美发厅，特别理了个生意人的发型，还告诉人家以后每周都来。这样做虽然多花了些钱，但是很值，因为这种投资马上就赚回来了。

法兰克又去了那位成功人士所说的男装店，请斯哥特先生帮他打扮一下。斯哥特先生认认真真地教法兰克打领带，又帮法兰克挑了西服，以及与之相配的衬衫、袜子、领带。他每挑一样，就评论一番，解说为什么挑选这种颜色、式样，还特别送法兰克一本教人着装打扮的书。不光如此，他又告诉法兰克一年中什么时候买什么衣服，买哪种最划算，这可帮法兰克省钱不少。法兰克以前老是一套衣服穿得皱巴巴的才知道换，后来注意到还得经常洗熨。斯哥特先生告诉法兰克："没有人会好几天穿同一套衣服。即使你只有两套衣服，也得勤洗勤换。衣服一定要常换，脱下来挂好，裤腿拉直，西服送到干洗店前就要经常熨。"

过了不久，法兰克就有足够的钱来买衣服了。法兰克又知道斯哥特所讲的省钱的窍门，便有好几套可以轮换着穿了。

还有一位鞋店的朋友告诉法兰克要经常换鞋，这跟穿衣一样。勤换可以延长鞋子的寿命，还能长久地保持外形。

不久，法兰克就发现这样做起作用了。光鲜亮丽、整整齐齐的外表能够给客户传递出一种积极的态度，这种积极的态度有助于客户对他产生好感，从而对他的商品产生好感，最终能帮助他促成交易。

法兰克的成功很大原因是对自己的服饰做了有效的调整和改观，为客户传递出积极的信号，因此获得了客户的好感和认同。有人说："着装打扮不是万能的，但打扮不好是万万不能的。"这话真有道理。如果你穿着得体，自然会信心大增。

一家效益很好的某企业销售经理范翔，为了给对方留下精明强干、时尚新潮的好印象，在与德国一家家电企业的董事长沟通时上身穿了一件T恤衫、下身穿了一条牛仔裤、脚上穿了一双旅游鞋。因为这一身打扮，经过多方努力争取来的沟通机会没有成功。

在商务洽谈场合，一身不搭调的休闲服饰让客户感觉到不受尊重，自然将订单收回了。身为经理的范翔要面对的客户是企业董事长，在这种级别的客户沟通场合穿T恤和牛仔裤是很不合理的，显得对对方不尊重。这个故事中对方因范翔穿着随便，觉得自己没有受到尊重而放弃了合作，确实可惜。所以在正式场合要穿西装、制服、套装、套裙、工作服等正式服装。因为庄重、保守、传统是公务场合对服装款式的基本要求。范翔经理所穿的T恤和牛仔裤也只适合休闲场合，而不适合公务场合。

销售人员佩戴饰物一定要符合自身的性格、身份、年龄、性别、环境以及风俗习惯，不要赶时髦或佩戴过多的饰物。如果在穿戴方面过于引人注意，效果反而会适得其反。

在销售的过程中，你要想赢得别人的信任，就得在穿着上使自己看上去很得体，外表的魅力可以让你处处受欢迎。如果是一个不修边幅的销售员，在第一印象上就失去了主动，还谈何推销成功？

4.像商品一样，学会展示自己

在通往成功销售的路上，我们要积极主动地付出自己的勤奋和努力，但也要懂得储备自身的素养，要像你所推销的商品一样勇敢地去推销自己、展示自己，这样我们的客户就会源源不断。

被誉为是世界上最伟大的销售员的乔·吉拉德曾经说过："推销的要点是，你不是在推销商品，而是在推销你自己。"他还曾经撰写了一部叫作《怎样销售你自己》的著作，来专门阐述他的这一销售思想。

销售活动是由多种构成要素构成的，其中销售人员、客户以及商品这三方面是最重要的因素。客户要购买商品，而销售人员则是连接客户和商品的纽带。借助于销售人员的介绍，能够让客户得到更多关于商品的信息，来决定买还是不买。而在这个过程中，尽管客户是冲着商品而来，但是客户最先接触到的却是销售人员。假如销售人员彬彬有礼、态度真诚、服务周到，客户就会对他产生好感，很有可能进而接受其推销的产品；否则，如果销售人员对客户态度冷淡、爱理不理、服务不到位，客户就会很生气、很厌恶，即使其产品质量很好，客户也会排斥。

对待客户的态度就是对自我的一种展示，展示你优秀的一面会让你收获很多。销售强调的一个基本原则是：推销产品之前，首先要推销你自己，就是让他们喜欢你、相信你、尊重你并且愿意接受你。换言之，就是要让你的客户对你产生好感。多数时候，销售人员就像是一件又一件的商品，有的相貌端正、彬彬有礼、态度真诚、服务周到，是人见人爱的抢手商品，所有的客户都喜欢；有的衣衫不整、粗俗鲁莽、傲慢冷淡、懒懒散散，就会令客户心生厌恶，很难与其合作。

事实上，销售作为一种正常交往活动，只有彼此之间产生好感，相互才能继续发展下去，并建立起比较稳定的关系。客户首先接受了销售人员，才会进而接受其产品。因此，销售人员在销售产品时，首先要让客户能够接受自己，对自己产生信任，这样客户才会接受其推销的产品。假如客户对销售人员有太多的不满和警惕，纵然商品再好，客户也不会相信，从而拒绝购买。

因此，在客户面前要善于展示自己优秀的一面，做到让客户接受自己，相信每一个销售人员都会拥有自己的客户。

王春是一名基金销售人员，在他最初从事这一行业的时候，每次出去拜访客户，推销各式各样的基金时，总是失败而归，尽管他也很努力。

后来王春开始思考，到底是什么原因导致自己失败，为什么客户总是不能接受自己……在确定自己推销的产品没有问题后，那就说明是自己身上的缺点让客户不喜欢，因此导致客户拒绝接受自己的产品。为此，王春开始进行自我反思，找出自己的缺点，并一一改正。为了避免当局者迷，他还邀请自己的朋友和同事定期聚会，一起来批评自己，指出自己的不足，督促自己改进。

在一次偶然的聚会当中，朋友和同事给他提出了很多意见，比如性情急躁，沉不住气；专业知识不扎实，应该继续学习；待人处世总是从自己的利益出发，没有为对方考虑；做事粗心大意，脾气太坏；常常自以为是，不听别人的劝告等等。王春听到这样的评论不禁汗颜，原来自己有这么多的毛病啊，怪不得客户不喜欢自己。于是他痛下决心，一一改正。而且他还把这样的聚会坚持办了下来，然而他听到的批评和意见却越来越少。与此同时，在基金销售方面，他签的单子也越来越多，并且受到了越来越多客户的欢迎。

可见，在销售活动中，销售自己和销售产品一样重要，将自己包装好，让客户喜欢，客户才有可能购买你的产品，故事中王春就很好地做到了这一点并取得了成功。

由于客户在购买时不仅要考虑产品是否适合自己，还要考虑销售人员的因素，故此销售人员的诚意、热情以及勤奋努力的品质更能打动客户，从而激发客户的购买意愿。

影响客户购买心理的因素有很多，商品的品牌和质量有时并不是客户优先考虑的对象，只要客户从内心接受了销售人员，对其产生好感和信任，就会更加接受他所推荐的商品。研究人员在一项市场问卷调查中发现，约有70%的客户之所以从某销售人员那里购买商品，就是因为该销售人员的服务好，为人真诚善良，客户比较喜欢他、信任他。相反，如果销售人员不能够让客户接受自己，那么其产品也是难以打动客户的。

在销售过程中，销售员要对自己有清醒的定位，要清楚自己首先是"人"而不仅仅是销售人员。一个人的个人品质会使客户产生不同程度的心理反应，这种反应潜在地影响到销售的成败。优秀的产品只有在优秀的销售人员手中才能赢得市场的长久青睐。

　　因此，你在向客户展示你自己的人品和形象时，最重要是推销你的诚信。推销要用事实说服而不能用欺诈的手段蒙骗。诚实是赢得客户好感的最佳方法。客户总希望自己的购买决策是正确的，也总是希望从交易中得到一些好处，他们害怕蒙受损失。所以客户一旦觉察到销售人员在说谎或是故弄玄虚，他们会出于对自身利益的保护，本能地对交易产生戒心，最终会让你的销售功亏一篑。

5.诚信的形象让销售更顺畅

　　要做到诚信，是件很不容易的事情。而违反诚信法则的人，是无法在销售行业中生存下去的。诚信不但是推销的道德，也是做人的准则，在我们的销售工作中发挥着重要的作用。其实，销售员在向客户推销产品时，就是向客户推销诚信，诚信是让推销之路走得更远的法宝。

　　在推销过程中，销售员诚信的形象会让客户主动为你加分，如果失去了信用，即将到手的一笔大买卖也会泡汤。信用有小信用和大信用之分，大信用固然重要，却是由许多小信用积累而成的。有时候，守了一辈子信用，只因一次小小的失信就会使唾手可得的生意泡汤。优秀的销售员是最讲信用的，有一说一、实事求是，言必信、行必果，对客户以诚信为先，以品行为本，让顾客从心底产生信赖感，使客户放心地同你做交易。

　　因此，从某种意义上说，销售人员在推销的过程中最应该推销的是自己。

冠军销售员都懂的成交心理学

销售人员应该努力提高自身的修养，将自己最好的一面展现给客户，让客户感觉到你的诚信，并对你产生好感，喜欢你、接受你、信任你。当你成功地把自己销售给了客户，接下来的工作就会顺利得多。

销售人员不仅在销售产品，而且也在"销售"自己，只有把自己当作产品"销售"出去，客户才会放心地把你介绍给他身边的每一个人。乔·吉拉德教导我们，每一位客户身后都会有250个人，要是一位客户就把你介绍给了250个人，这群人又会分别把你介绍给他们身边的250个人，如此反复，你说你的客户群将有多大？

有一位优秀的销售人员，每次登门推销总是随身带着闹钟。交谈一开始，他便说："我打扰您十分钟。"然后将闹钟调到十分钟的时间，时间一到闹钟便自动发出声响，这时他便起身告辞："对不起，十分钟到了，我该告辞了。"如果双方商谈顺利，对方会建议继续下去，他便说："那好，我再打扰您十分钟。"于是他又将闹钟调到了十分钟。

大部分客户第一次听到闹钟的声音都会表示惊讶，他便和气地解释："对不起，是闹钟声，我说好只打扰您十分钟的，现在时间到了。"客户对此的反应因人而异，绝大部分人说："嗯，你这个人真守信。"也有人会说："咳，你这人真死脑筋，再谈会儿吧！"

销售人员赢得客户信赖最好的法宝就是诚信，但不管采用何种方法，都得从一些微不足道的小事做起，守时就是其中一种。这是用小小的信用来赢得客户的大信任，因为你开始答应会谈十分钟，时间一到便告辞，表示你百分之百地信守诺言。

在如今竞争日趋激烈的市场条件下，销售员的信誉已成为竞争制胜的重要条件和手段。诚实守信，才能为销售人员赢得信誉。谁赢得了信誉，谁就能在市场上立于不败之地；谁损害或葬送了信誉，谁就会被客户所淘汰。销售人员最重要的是要赢得客户的信赖，但不管采用何种方法，都得从一些微不足道的小事做起，从每一个细节表现你的真诚，以你的形象告知客户：我是个诚信之人。

诚实守信，以诚相待，是所有推销学中最有效、最高明、最实际也是最长久的方法。林肯曾经说过："一个人可能在所有的时间欺骗某些人，也可能在某些时间欺骗所有的人，但不可能在所有的时间欺骗所有的人。"对于销售人员来说道理也同样如此，在一个信息传播日益迅速的市场环境下，销售人员的小手段、小聪明是很容易被看破的，即便偶尔取得成功，这种成功也是相当短暂的。要想赢得客户，诚信才是永久的、实在的办法。

销售人员要做到诚信须注意以下几点。

一、主动地说出产品存在的一些小问题

在介绍产品的时候，一定要实事求是，好就是好，不好就是不好，万万不能夸大其词，或只宣传好的一面。

一位乳化橘子香精的销售人员在向客户介绍他们的新产品时，不但讲了优点，还道出了不足之处，最后还讲了他们公司将采取的提高产品质量的一系列措施。这种诚实的态度赢得了用户对他的信赖，订货量远远超出了该公司的生产能力。

冠军销售员都懂的成交心理学

二、推销过程中遵守自己的诺言

销售人员大多通过向客户许诺的方式来打消他们对产品的顾虑，比如许诺会承担质量风险，保证产品的优质，保证赔偿客户的意外损失，并答应在购买时间、数量、价格、交货时间、服务等方面给客户最优质的服务和优惠。但是在自己没有能力确保兑现许诺之前，销售人员千万不能信口开河，否则会自食恶果。

6.展示你灵活聪慧的应变力

与这个瞬息万变的环境打交道最多的就是企业的销售部门，具体到人，那就是销售经理。这一职位的特殊性，要求销售经理不但要习惯面对瞬息万变的环境，而且还要能够对眼前的变化迅速做出正确的反应。当你在推销时，你的应变能力就是你销售"出彩"的地方。

在销售的过程中，我们难免会遇到一些意料之外的状况，而此时，就是对销售员的适应能力和应变能力的一种考验。假如这个人应变能力强的话，就能冷静、理智地分析状况，借助于巧妙的方法应对，最终化险为夷，让自己摆脱困境，进而得到客户的认可；而如果缺少应变能力，遇事慌张、不知所措，甚至鲁莽行事，则很容易把事情搞砸，让客户丧失信任。因此，应变能力是我们每个销售员必不可少的一种本事。

应变能力是优秀销售员应该具备的最起码的素质，是确保销售获得圆满成功的一个重要条件。在销售工作中，销售人员所接触的客户是十分广泛和复杂的，什么样的客户都有，其中不乏一些固执的、冷漠的、倔强的、蛮横的、傲慢的客户，假如缺少应变能力，那么就很难适应并应对不同客户的要求，给我们的销售工作带来很大的阻碍和损失。

有一个推销员当着一大群客户的面推销一种不会摔碎的钢化玻璃酒杯。

他在进行商品说明之后，就向客户示范，令他万万没想到的是，他碰巧拿了一只质量不过关的杯子，猛地一摔，酒杯砸碎了。

客户们哄堂大笑。

这位推销员先是一愣，之后灵机一动，沉着而幽默地说："你们看，像这样的杯子，我就不会卖给你们。"

结果又是一场哄堂大笑，但是之前的笑更多的是怀疑和嘲讽的，而这次的笑，却是赞赏和愉悦的。销售人员用自己沉着冷静的应变力化解了尴尬局面，不仅没有因此而失掉客户，还获得了大量的订单。

可见，应变能力就是这样重要，虽然随机应变没有什么定式，但是却可以在突发事情面前巧妙地避开和化解不利因素，抓住有利因素，从而帮助销售人员做到不因为意外事件而影响成交，甚至能扭转劣势，促成交易。

销售员如果想要有效地发挥自身的应变能力，就不能单纯死板地例行公事、墨守成规，而应该善于发现新情况、新问题，从销售实践中总结新经验；对于销售工作中遇到的新事物、新问题，能够认真分析、勇于开拓，大胆提出新设想、新方案；在突发事件面前要沉着冷静，理性处理，想方设法化解不利因素，而不要感情用事。

冠军销售员都懂的成交心理学

小张在经过专业的技艺培训后开了一家理发店，由于手艺精湛，加之他伶牙俐齿，生意十分红火。

一天，他给第一位顾客理完发，顾客照照镜子说："理得太长。"小张在一旁笑着解释说："头发长，显得有风度，魅力四射，你没看到那些大牌影星都是像你这样的发型？"顾客听了，心里很高兴，愉快地付钱走了。

小张给第二位顾客理完发，顾客照照镜子说："头发剪得太短。"小张笑着解释："头发短，显得有精神，朝气蓬勃，人见人爱。"顾客呵呵地一笑说："是吗？那就好，那就好！"

小张给第三位顾客理完发，顾客一面付钱一面笑道："时间挺长的。"小张笑着解释："为'首脑'多花点时间，很有必要。"顾客大笑不止，挥手告辞。

小张给第四位顾客理完发，顾客一边付款一边笑道："动作挺利索，20分钟就解决问题。"小张笑道："如今，时间就是金钱。速战速决，为你赢得时间和金钱，何乐而不为？"顾客满意地点点头说："嗯，很好，下次还来你这儿理发。"

对于理发的顾客来讲，他们的要求是合理合情的，小张灵活的应变能力不仅化解了危机，还稳定了这些老客户。有些销售人员经常发出这样的抱怨：领导不开通，领导太谨慎，虽然自己有大量的想法，就是没有被采用；顾客太顶针，顾客太理性，即使方案再好，也无法满足他们的要求。但优秀的销售员会这样说："这是你自己的问题，因为你没有将你的领导和顾客成为你的伯乐！"销售员不要总希望遇到伯乐。有的时候，自己需要去挖掘伯乐。守株待兔以往不可能，现今社会更加不可能。

美国营销学家卡塞尔说："生意场上，不管买卖大小，出卖的都是智慧。"而销售人员的应变能力就是一种智慧的体现，没有智慧，也就不会拥有这种神奇的能力。销售人员每天要接触很多的客户，而客户有着不同的性格、爱好，品性又各不相同，这样就可能会在销售的过程中出现很多不曾出现过的状况，或者遇到没有经历过的难题，这都是很正常的事情。销售人员不应该由于自己没有经历过就失去信心和勇气，产生畏惧心理，惊慌失措，这样只会给客户留下不好的印象，阻碍销售工作的顺利进行。

如果一名销售经理想要提高自己随机应变的能力，他可以在平时的实践中多下功夫。就智商水平而言，虽然有人说智商是天生的，但是，有科学实验证明，通过后天的不懈努力和锻炼，人的智商是可以进一步提高的：至于经验，虽然和一个人的年龄以及经历密切相关，但通过大量的阅读和主动的学习，可以弥补一个人在年龄和经历上的不足：从表面上看，思考时间似乎与随机应变能力是冲突的，但是，如果我们变换一种思考方法，就可以使思考时间成为随机应变能力的有益补充。即一个人要勤于思考，善于思考，事先对事情的变化进行预测。然后，多花时间想出各种应付方法并权衡其利弊。这样，在事情突然发生时就可以较为自如地进行处理。

7.自信，让自己变得更高大

自信是成功销售员的必备素质，企业都喜欢销售员勇夺订单的性格。作为销售人员，我们也必须对工作全力以赴，不能有丝毫保留。记住，惰性与挫折难以避免，轻易放弃是可耻的，不能让业务工作中的困难和障碍消磨掉你的斗志和决心，一旦放弃或是对工作敷衍，那么这个销售人员就是失职的。

自信是销售人员所必须具备的素质，也是最不可缺少的一种气质。无论你身处任何环境，遇到任何事情，都要保持积极必胜的信念。因为唯有积极必胜的信念才能支持你走过漫长的销售生涯，直至最后取得成功。

产品再优秀，缺少了自信的销售也是枉然。因此，自信能够为你的产品增色不少。对于客户，自信比你的商品还要重要。有了它，你就不愁反败为胜了。自信的销售人员面对失败仍然会面带微笑，"没关系，下次再来"。他们在失败面前仍会很轻松，从而能够客观地反省失败的销售过程，找出失败的真正原因，为重新赢得客户的青睐而创造机会。

自信的销售员能够带给客户强大的感染力，从而促成销售。客户通常较喜欢与才能出众者交手。他们不希望与毫无自信的销售人员打交道，因为他们也希望在别人面前自我表现一番。再者，他们怎么能够情愿和一个对自己的推销能力及商品都缺乏信心的人洽谈生意并购买商品呢？

"我一定能成为公司的佼佼者"，对于销售人员，这样的誓言是事业上一个有力的起点。拥有必胜的信念，对于销售人员来说至关重要。

被誉为是世界上最伟大的销售员的乔·吉拉德，早年曾事业失败、负债累累。更糟糕的是，家里一点食物也没有，更别提供养家人了。

他拜访了底特律一家汽车经销商，要求得到一份销售的工作。经理见吉拉德貌不惊人，并没打算留下他。

乔·吉拉德说："经理先生，假如你不雇用我，你将犯下一生中最大的错误！我不要有暖气的房间，我只要一张桌子，一部电话，两个月内我将打破你最佳销售人员的纪录，就这么约定。"

经过艰苦的努力，在两个月内，他真的做到了，最终他打破了该公司销售业绩纪录。

自信对于销售员来说尤为重要。对于销售人员来讲，"信念"是一个必须强调的名词。本来，在推销界就非常看重信念与意志。而销售人员当中的绝大部分人，现在都担负着从未有的很高的工作定额，以至于不得不把全部精力投入到紧张的销售活动中去。因为只有在销售领域获胜，才会给企业带来繁荣。随着经济萧条和商品销售竞争的逐步激烈化，在推销界，有越来越多的人认识到信念的重要性。就销售人员的信念来说，最主要的一点就是对销售的强烈追求而形成的信念。

一名销售人员向一位总经理销售电脑，言行显得过于谦卑，这让总经理十分反感。总经理看了看电脑，觉得质量不错，但最终并未购买。总经理说："你用不着这样谦卑，你销售的是你的产品，你这种样子，谁愿买你的东西呢？"

从上述案例可以看出，低三下四地从事销售，不但使商品贬值，也会让企业的声誉和自己的人格贬值。

增强自信始于具体的行动，优秀的销售员在每年都要确定自己的目标，以达到这个目标，并突破这个目标为目的而努力奋斗。这样一来，工作定额就成为必须完成的任务，也使自己产生一种强烈的销售欲望：无论如何都要达到目的。进而起到督促、鞭策自己的作用。而且，每天都要检查工作定额的完成情况，并与前一天的数字相比较。为了弥补其间的差额，再反复推敲自己预先制订好的销

冠军销售员都懂的成交心理学

售方案，目标定下来以后，立刻付诸行动。在工作定额完成之后，紧接着就是每天检查定额突破后销售数量的增长率。若是与前一年相比增长率下降的话，就要反复思考，究竟怎样才能提高增长率，动脑筋研究新方法，随即依此开展行动。

按照这样做，每天都保持旺盛的销售欲望，就是信念培养法。这样去开展销售活动，肯定会自然而然地产生一种强烈的工作欲望。这种从内心萌发的对于工作的渴望，正是信念的奇妙效用。

为了实现这一点，就必须实行自我限制，就是为了把自己培养成一个出色的人所需要具备的奋斗精神与进取心。那么如何才能表现出你的自信呢？

一、让你的着装提升你的自信

你必须衣着整齐，挺胸昂首，笑容可掬，礼貌周到，对任何人都亲切有礼，细心应付。这样，就容易使客户对你产生好感，你的自信也必然会自然而然地流露于外表。

二、销售员要锤炼百折不挠的信念

面对客户的无礼拒绝，销售人员更要坚定信心。销售人员经常是非常热情地敲开客户家的门，却遭到客户的冷言冷语，甚至无理侮辱。这时，你一定要沉住气，千万不要流露出不满的言行。要知道，客户与你接触时，并不会在意自己的言行是否得体，反而总是在意你的言谈举止。客户一旦发现你信心不足甚至丑态百出，就不会对你的商品有什么好感了。即使他认为你的商品质地优良，但见你急于出手，也会乘机压价。客户这样做，就是因为你失去了自信。

三、要对自信善加把握

自信既是销售人员必备的气质和态度，也能促进销售额，因此自信也要把握分寸，不足便显得怯懦，过分又显得骄傲。

　　自信会使你的推销变成一种享受，使你不会讨厌它。想一想就会明白，不自信的销售人员一定会把推销当作是遭罪，是到处求人的令人厌烦的工作。然而自信却能使你把推销当成愉快的生活本身，既不烦躁，也不厌恶，这是因为你会在自信的推销中对自己更加满意，更加欣赏自己。如果你对自己和自己的商品充满了自信，那你自然就会拥有一股不达目的誓不罢休的气势。

第八章
售后服务要到位，紧密"锁住"客户源

俗话说，维护一个老客户胜过开发几个新客户。顾客就是上帝，是销售员的衣食之源，作为一名销售员，客户就是自己的衣食父母。如何才能和客户维持好关系，是关系到自己的生计大事。优秀的销售员不会做"一锤子买卖"，他们非常在意客户的售后服务工作，这项工作做到位，会很容易地与客户保持长期且良好的合作关系。

1.每个单子身后都有"巩固"措施

在客户订单已执行完成，还没有下一个订单前应该与客户多多沟通，顺便问问客户有没有订单继续给你做，假如客户说没有，那我们就问问他是否对之前完成的订单有什么不满意的，并向他表明如果他有什么不满意的我们会尽量改正。每个订单的"巩固"措施，会让我们收获更多。

销售员开发新客户的重要性当然是不言而喻，但是，一个订单完成后，并不意味着你与这位客户就老死不相往来了。与老客户保持联系，也能为你带来无尽的收获。曾经使用你的产品的人，尽管已不再列入现有客户名单中，但很有可能还会和你有业务往来，值得保持联络。

俗话说，维护一个老客户胜过开发几个新客户。很多销售员和以前的老客户都失去了联系有些客户几年前从你这儿买过产品，现在想来再买，却因为找不到你的联系方式，而无法联系上你。这样你就在不知不觉间白白地失去了一个订单，丢了一位客户。让到手的生意给跑掉了，这样可一点都不值得哦！要是老客户很多的话，你不就丢了很多订单吗？统计资料显示，从现有客户那里取得订单的比例为二分之一，从老客户那里获得生意机会的概率为四分之一。如果你正在开发新客户，对方下订单的概率只有二十分之一。

那么，销售员应该怎样与老客户保持长久的联系呢？针对久未来往的客户，应该建立一个完整的资料档案。定期打电话给这些公司的关键人物，但要注意别过分打扰对方，也不要表现得不够专业。所以，保持联系的方式绝对不可以是给人困扰的强硬推销，因为毕竟你和这位客户已经建立了一定的关系。保持平静、友善，更要表现专业，假如说客户目前没有采购的意思，过一段时间之后再去查询一下。

我们下面将介绍几种巩固客户关系的方式。

一、保持经常性的联系

在销售过程中，一些销售员会在售前与客户保持较为密切的联系，而当客户购买产品或服务之后，这种联系就会明显地减少甚至是不再联系，这样不利于客户忠诚的建立。当然与所有的客户都保持联系对于企业而言也许成本会很高，但是如果我们不拘泥于传统的渠道情况就会好一些，比如可以根据客户的重要程度进行不同方式的联系。重要客户采用电话沟通，一般客户则采用电子邮件或短信的形式保持联系，时机的选择大多是在节日、纪念日等等。

二、融入客户的生活中

建立客户忠诚的另一种方式是成为客户的朋友，融入客户的生活中，并在这个过程中注意与竞争对手保持距离。成为客户的朋友一定是基于满足客户需求的基础上的。

同样，根据企业的情况对不同的客户采取不同的方式，比如对于重要客户可以进行一对一的活动，比如偶尔的宴请或聚会，可以打入大多数人的圈子，而一些休闲活动可以提供更加放松的环境，加深相互间的了解。比如高尔夫、保龄球等等。针对大量的普通客户可以考虑进行年度活动，既节约了金钱又起到了很好的效果。

三、附加值模式

销售员常常会遇到积分送礼的情况，这也是很多人办会员卡的原因，这是最常见的忠诚度模式，是对忠诚客户的回报。很多的零售商提供会员卡，信息系统地跟踪每个客户的消费记录并计算他们获得的折扣，在一定程度上促使客户不断地进行购买，达到客户忠诚的目的。本质在于为忠诚客户提供附加值，鼓励忠诚客户。

这种方式目前存在一些问题，一些企业做得并不是很好，引入了会员卡的形式，而忽视了其内涵。比如我们生活中的许多超市，营业员经常会问我们："会员卡有吗？"很多情况下我们并不知道会员与非会员有何区别，可能导致每个客户都是会员，而且受到的待遇一样，反而没有了作用，因为都是会员等于都不是会员。

还有一个问题是有些客户无论如何都要购买，不管是否有附加值，这样会造成企业和销售员资金的浪费，这就需要我们在制订忠诚计划时对客户的情况、企业的情况进行深入的分析，制订出适合自身特点的客户忠诚计划。

2.客户喜欢你主动上门

不管是售前推介，还是售后服务，只要能满足客户的利益，真正能为客户带来实惠，客户都喜欢你主动上门。积极主动是优秀销售员必备的素质，尽管一份订单签定了下来，但并不意味着客户以后会继续将订单给你，所以你的主动上门会改善这种情况。

符合客户利益的上门拜访，客户是持欢迎态度的。所以，销售员要尽可能地掌握资源，了解公司的销售政策、价格政策和促销政策。特别是在企业推出新的销售政策、价格政策和促销政策时，更要了解新的销售政策和促销政策的详细内容。当公司推出新产品时，销售人员要了解新产品的特点、卖点是什么。不了解新的销售政策，就无法用新的政策去吸引客户；不了解新产品，也就无法向客户推销新产品；不去主动拜访传递最新信息，老客户也会变得很生疏。

主动上门前，销售员要做好充分的准备。常言道："失败的准备就是准备着失败。"销售人员在拜访客户之前就要为成功奠定良好的基础。带全必备的销售工具。台湾企业界流传的一句话是"推销工具犹如侠士之剑"。凡是能促进再次销售的资料，销售人员都要带上。

调查显示，销售人员在拜访客户时，利用销售工具，可以降低50%的劳动成本，提高10%的成功率，提高100%的销售量！销售工具包括产品说明书、企业宣传资料、名片、计算器、笔记本、钢笔、价格表、宣传品、样品、有关剪报、订货单等。

主动上门不能盲目，销售员要把自己上次拜访客户的情况做一个反省和检讨，发现不足之处及时改进。销售人员可分为两种类型：做与不做的；认真做与不认真做的；工作完成后总结与不总结的；改进与不改进的；进步与不进步的。结果，前一类人成功了，后一类人失败了。

销售员还要明白上门拜访是否将任务要求落实了。销售人员的职责就是执行——落实领导的指示。销售人员每次拜访客户前要检讨自己，上次拜访客户时有没有完全落实领导的指示、哪些方面没有落实、今天怎样去落实，有目标上门才会有成效。

台湾有一个菜农，他每天去市场卖菜，一天大概能够赚200元钱。可是，有一天他发现每到初二和十六（当地人在这两天必须敬拜土地爷），台湾地区的许多企业都要派采购员到菜市场买敬拜用品。

他灵光一闪，立刻前往一栋16层的大楼，这大楼内有160家企业。他对老板说："您没有必要让您公司的采购员每个月这两天去市场，我可以送货上门。我的产品分为三个等级：A类价格1500元，有鸡鸭鱼肉、水果、饼干和烧拜用品；B类价格1000元，有水果、糖果、饼干和烧拜用品；C类价格500元，有饼干、烧拜用品。每月两次按时送到您公司门口，只要一年结4次账，每3个月结一次就好。"

很多公司都开始订C类，因为它经济实惠。可是每次拜土地爷时发现，隔壁那家公司供的是B类，土地爷会不会去吃B类而不来吃我们的C类呢？所以他们下一次就改为B类，结果又发现隔壁已经开始用A类了。最后，160家公司全部订为A类，一年就是576万。而这个菜农现在已经为15栋楼供货，营业额将近一个亿！

一个月上班两天就从农夫变身成为商人，这就是所有未被提供的服务都是海洋的证明。

聪明的菜农利用自己高明的销售技巧，真心诚意地帮助客户主动上门提供采购服务，结果客户都喜欢他的服务，菜农由此开发了新客户，巩固了老客户，获得了很好的经济效益。

不是每一次的上门服务都能取得好的效果，这需要销售员付出自己的诚意。客户在面对销售人员时可能充满了警惕和防范，因为他们害怕一不小心就进入销售人员精心设计的"圈套"。客户如此小心翼翼的根源，就在于某些销售人员根本就不真诚对待客户，更不会积极关注客户的具体需求。为了达到自己的销售目标，他们可谓动足了脑筋，可结果却常常是"聪明反被聪明误"。扭转这种局面的唯一方法就是用自己的真诚去关心客户，诚心诚意地帮助客户解决问题。只有这样，客户之前对销售人员的误解和疑虑才能消除，接下来的沟通自然会顺畅得多。

一个销售员在销售工作上能不能成功，能不能让客户回头，就是看是否能留住客户的心，在此，销售员要反思自己能不能做到下面的一些措施呢？

一、要把自己变得开朗起来。如果你自己都感觉与人沟通交流起来不自然，那怎么会有新的话题和吸引力呢？怎么能谈出感情呢？

二、要把自己变得万事通。销售员要根据平时客户的喜好，去弥补在他的喜好范围内学习不懂的东西，只有双方都有共同爱好才有更多交流的机会，所以自己了解的东西要全面些。

三、不要把利润算得太准。如果你每次报价都把老客户的利润算得死死的，客户本身就是货比三家过来的，你还不给点让步和优惠，怎么能有吸引力使他买你的产品呢？

四、不要忽略产品质量。产品质量是你唯一能长久走在商业路上的捷径，也是客户回头的根本所在。

除了以上几个方面，销售员还要做到经常电话沟通一下，多给客户点笑容和回应的声音，彼此之间会合作得更加愉快。

3.认真对待每个客户的咨询

认真对待每位客户的咨询，是你巩固和开拓市场的重要前提。作为一名销售员，会比客户了解更多公司的产品规划和政策尺度，所以销售员在很多时候都要根据客户的实力引导客户和公司谈销售政策，这样客户能得到更多的利益，自己的业绩也会增长很多。

不管是售前还是售后，销售员都应积极对待客户的咨询。他们的咨询，表示着你们将还有合作的机会，能不能抓住这个机会，就看这个销售员能否认真对待客户的咨询了。如果客户只是询价，首先给客户一个关于价格的概念，以及关于产品的基本情况，让客户强烈感觉到跟你接触，无论是否成交都能够了解产品信息，"值得联系"；其次，在你对客户心理价位不了解的情况下，报价的同时给客户留下讨价还价的兴趣和空间。这和钓鱼同理，既不能只白白地撒饵，也不能冷冰冰地甩个空鱼钩过去。

总之，初次与客户打交道，成交是第二位的，细水长流，设法激起客户"保持联系"的欲望才是最主要的。

积极对待客户的咨询，能够迅速地明确客户的意向，从而为销售创造条件。不能坐着干等客户表示"明确意向"，要设法引客户说出他的目的。比如，泛泛地报个FOB价之后，告诉客户"请告知您所需要的目的港，我很乐于折算一个CNF价格给您做参考"又或"请告知您可能的定购量和交货时间，我看看是否能给您一个好价格或折扣"，等到客户把这些资料给你之后，你就可以名正言顺地拿着去向老板请示了。否则销售员就成了夹心饼干：老板不报价，客户就不给"意向"；客户不透露详情，老板又不肯松口，业务就僵持了。商业情报的收集多多益善，销售员可从中获得很多的商机。

如果客户的咨询是要求解决问题的，销售员从与客户的交谈中能感觉到客户焦躁的心情。销售员通过安慰客户来消除客户焦急的心情，通过给客户承诺以让客户充分相信我们，让客户感觉我们是用心去帮助他解决问题的。服务就是满足客户已表达的或隐含的需求。销售员要与客户拉近距离取得信任，还要让客户感觉到自己备受重视，唯有这样才能为以后的服务做好铺垫。

一个赫赫有名的大买家向某公司咨询产品信息，新手业务员却居然不知道对方的来头，老板也不知详情而没有给予足够重视，结果因贪图一点利润而错失了进入这个大买家供货体系的机会。须知，对于很多大买家而言，能进入他们的"体系"非常有价值，一旦与他们有过良好的交易记录，以后的路子就顺多了。而这些大买家轻易不询价的，很多时候只是在急着补货的时候才偶尔外发，对新厂而言机会难得。从这个意义上来说，碰到这样的良机，即便平本也要做，牺牲一点利润，权当买路钱。

销售员对待客户的咨询，不仅是帮助其完成暂时的需求，还要从自身出发，找到本企业发展的长期利益点。这名销售员由于对客户的咨询没有足够的重视，导致自己白白丧失了后期继续合作的机会。

销售员要解答好客户的咨询，就要努力提升自己的素质。比如要在客户面前树立起专业的形象，不要做一个只装半瓶子水的人。销售员还可以积极参加各种专业性的培训和课程，利用一切条件接触行业内的专家，并积极向他们请教。销售员要诚实，不懂就是不懂，不要欺骗客户。

对待客户的咨询，销售员要处处为客户着想。为客户着想也是保持长期良好关系的重要方式之一。作为一名销售员都应知道，销售的工作就是"肉夹馍"，上要承受公司的压力，下要承受客户带来的压力。业务员就是公司和客户之间的联系纽带，业务员是公司的员工，所以业务员无论怎么为客户着想都要牢记的原则就是不能损害公司的利益。

解答好客户的咨询，莫过于替客户解决难题。比如销售员为客户规划产品线也是必要的，根据客户的销售实力为他规划合理的产品线，这样做既能节约客户的钱，也能增加自己的业绩，同时会给自己减少很多麻烦。因为如果客户的销售有困难时，必会将滞销品推到你身上。

当客户咨询时，销售员无论合作与否都要尽自己最大的努力去帮助客户解决问题。很多销售员都会认为只要把现在合作的客户服务好就行了。其实不然，很多现在不合作的客户也是你将来的财富源泉。把所有客户服务好，帮他们解决问题，这样不仅可以为将来的合作做好铺垫，也可以在行业内树立良好的口碑，同时也会增强现有客户的合作。

销售员切记不要对客户承诺任何事情，在与客户合作中这条是很重要的，任何时候任何事情都不能对客户承诺，即使你有把握做到。你所要回答的就是"我会尽我最大的努力去争取"。这样做有两个好处：首先，老板都是善变的，

冠军销售员都懂的成交心理学

哪怕早上说的，可能中午就变卦了，一旦你老板变卦了，你就会失信于客户，从而给对方留下不好的印象；其次，这样回答还要给客户一种暗示，这一切的优惠利益都是你为他争取来的，久而久之他在心里就会不自觉地感激你。

4.服务人员的态度关乎客户的去留

销售员真诚的态度，会让客户感到温馨和感动，一个细微的举动，可以让客户成为你忠实的粉丝。尽管每位销售员都是以与众不同的方式看待自己的，你或许对自己的特殊个性、在人群中的定位及他与别人的不同之处都心中有数，但重视你的服务态度，会让你回报更大。

对客户付出真诚的态度，会决定老客户的去留。服务人员要持有一颗感恩的心去尊重客户，感谢客户给予的合作机会。但是出现问题的时候也不要急，如果是我们销售员的过错，就要真诚道歉，不要想办法躲避责任；如果是客户的问题，更要表现出一种宽容的心态，而不是责备，应立即共同研究探讨，找出问题的解决方案。

所有的工作都做完了，来个漂亮的结束，但不是代表着终结，这次的结束是创造下次合作的最好时机。售后服务要做好，平时就要多联系，这个联系就不谈工作，大家当朋友一样相处。既然成为了朋友，你的事就是他的事了。

客户也是凡人，良好的服务态度会让你们增进彼此的友谊。与一个人相识相遇相知，从合作到成为贴心的朋友，是一个非常微妙的过程。一般我们接触陌生人，都存在一定的心理距离，这是自我保护意识，很正常。但人们总是会相信自己的朋友。所以让人信任你、接受你，一直到能够彼此交心，这是一种幸福。把一个客户发展成朋友是一件很有成就感的事情，意义也远远比成交一笔订单大得多。

如果客户方出了问题，销售员也不要为难客户，处理时把握两方面，一个是时间上，一个是事情上。时间上，请配合好别人的时间，如果别人有事，或者心情不好，不要只考虑自己，请停止自己的要求，这样别人会觉得你很会体谅人。再就是如果这次没办法合作，不要一直纠缠不清，微笑地表示遗憾，别人会对你感到抱歉和内疚，下次有机会一定补偿你。这样就不会因为强人所难而失去继续交往的可能。

一位顾客和一个汽车经销商平时关系不错，一次，他从经销商那里取回了自己的新车。开车回去的路上，他想试试车上的收音机。打开后按下第一个键，他听到了喜爱的流行音乐频道的节目，音响效果很好；按下第二个键，收音机里传出的是他心仪的古典音乐频道的乐曲；按下第三个键，听到的则是他平时常听的新闻频道节目。所有键按过一遍之后，他非常惊讶地发现，新车的收音机是按照他原先旧车收音机的设置调好的。

这位顾客不相信这个"巧合"，他调转车头回到了经销商那儿。

经销商的回答是："今天您把您的旧车折价卖给了我们，收旧车的那位技术员同时负责给我们送新车。他记下了您旧车收音机的电台选择设置，又照样子替您调好了新车里的收音机。这个主意是他自己想出来的，他希望用自己的方式让我们的顾客更满意。"

优秀销售员的原则是对所有客户都持一颗真诚的心。即使不产生业务往来，多个朋友也不会是什么坏事吧！他们的服务态度打动了客户，最终促成了源源不断的订单。做好销售员的服务态度，需要注意一些什么呢？

首先，要用平常心来对待客户。看人不要仰视也不要俯视，人与人相处的基础是平等，是尊重。在客户面前不要觉得低人一等，要知道我们是在给客户解决问题，帮他们获得价值，他们应该感激我们。所以面对客户的时候可以挺起胸膛，要做到自信。简单来说就是不卑不亢。

其次，像对待老朋友一样对待老客户。很多人都认为销售员是越能说越好，说话严谨，谈话的内容要一直围绕着公司和工作来进行。其实不然，真正优秀的销售人员在与客户沟通的时候，更多的是谈工作以外的事情。例如生活、爱好、家庭或者有趣的事情。也许你们聊得很投机，还能在一起吃个饭，有了很多共同语言，就像那种"他乡遇故知"一样，基本上这个时候别人就很认可你了，你再去说工作就事半功倍了。

再次，真正开始谈工作了，就必须保持一种认真、务实、诚信的态度。尽量站在客户的位置上替客户着想，在坚持自己原则的基础上满足客户的需要，达成双赢局面。不要花心思去算计客户，只有这样才能把生意做得长久，才能获得一个客户的终身价值，这个也是销售的成功标准和最终目的。通过沟通了解客户的需求，利用你掌握的知识和资源帮他解决问题，甚至帮他作某些抉择。如果一个销售人员能够敏锐洞察客户的问题，并且能妥善加以解决，客户往往会对销售人员产生很大的信赖。即使这些和我们本职的工作没有任何关系，但能做到的也要尽量去做。

最后，沟通过程中记得一直保持微笑，会笑的人才会幸福，工作也一样。

给人一个愉快的心情，让别人觉得和你在一起很快乐，有一种热情，拉近彼此之间的距离，即使只是打电话，就算看不到，别人也能感觉到你的真诚。一个销售员如果不懂得微笑，面无表情，像机器人一样，估计谁也不愿意接近他了，更不用谈合作了。

记住，请保持你真诚良好的服务态度，缺少这个就无法谈信任，如果不信任，永远也走不近。要善于结识新朋友，勿忘老朋友！

5.接受客户的批评才能销售得更好

销售员对于客户的批评应该及时正确地处理。拖延时间只会使客户的批评变得越来越强烈，使客户感到自己没有受到足够的重视，可能会使小事变大，甚至殃及企业的生存；而处理得当，客户的不满则会变成美满，客户的忠诚度也会得到进一步提升。

在销售过程中，销售人员经常会听到客户的批评，如价格高、质量差、服务不到位等。这种批评是客户不满意的一种表现，销售员只有重视客户满意度，才能创造更多的客户价值，获得立足市场的资本。经调查发现，一个不满意的客户往往会向九个人叙述不愉快的购物经历。可见，对客户批评的处理至关重要，一旦处理不好，销售人员将失去众多的客户群，甚至葬送辛辛苦苦建立起来的渠道。

销售员要及时了解客户提出批评的原因，才能正确地去解决问题。客户的满意度可以从三个方面来体现，即产品和服务的质量、客户的期望值、销售人员的服务态度与方式。既然客户批评是对产品不满意的表现，那么，批评的原因也可以说是因为这三个方面出现了问题。

一是因为产品或服务质量出现问题。这一问题是最为直接的，如产品本身存在问题，质量没有达到规定的标准；产品的包装出现问题，导致产品损坏；客户没有按照说明操作而导致出现故障等等。一般来说，这是客户批评的最主要原因。

二是因为客户对于产品或服务的期望值过高。客户常常会把他们所要的或期望的东西与他们正在购买或享受的东西进行对比，以此评价购买的价值。一般情况下，客户的期望值越大，购买产品的欲望也就越大。但当客户的期望值过高时，客户的满意度就会变小，容易对产品产生批评。因此，企业应该适度地满足客户的期望。

三是因为销售人员的服务态度和方式。当销售人员为客户提供产品和服务时，如果销售人员缺乏正确的推销技巧和工作态度，也会导致客户的不满，容易使客户产生批评。

只有正确地看待和接受客户的批评，销售员的业绩才会逐步得到提升。当客户对产品或服务产生批评时，很多销售人员都采取了积极有效的措施进行处理。那么，怎样看待客户的批评呢？怎样处理这些批评呢？

销售员对客户的批评一定要加以重视。客户的批评不仅可以增进销售人员与客户之间的沟通，而且可以诊断企业内部经营与管理存在的问题。所以，当客户投诉或批评时，不要忽略任何一个问题，因为每个问题都可能有一些深层次的原因，正确对待客户的投诉与批评有可能会帮助你发现需要改进的地方。这一点可以这样理解：客户的不满中蕴含着商机，客户的不满是创新的源泉，客户的不满可使服务更加完善。

在美国迪士尼乐园树立着一个醒目的大招牌：十岁以下儿童不能参加太空穿梭游戏。不过，来迪士尼乐园游玩的游客中，有的人虽带着十岁以下的孩子，但由于兴奋往往会忽略这一标牌，以至于有时候排了好长时间的队，到最后却不能玩。而这时候的游客一定会感到非常遗憾。

为此，迪士尼乐园的服务人员往往会亲切地上前询问孩子的姓名，然后拿出一张印制精美的卡片，在上面写上孩子的姓名，告诉孩子，欢迎他到符合年龄时再来玩这个游戏，到时拿着这张卡片就不用排队了，因为在他没到年龄的时候已经排过队了。于是游客原来的沮丧情绪马上不见了，并且还能心情愉快地离去。一张卡片不仅平息了客户的不满，还为迪士尼乐园拉来了一个忠诚的客户。

有鉴于此，市场营销学家认为，当客户对企业的产品或服务感到不满意时，通常会有两种表现：一是显性不满，即客户直接将不满表达出来；二是隐性不满，即客户不说，但以后可能再也不来消费了。销售人员对显性不满往往会重视和积极处理，对隐性不满却疏于防范。可是调查显示，隐性不满占到了客户不满意的70%。因此，销售人员应该对隐性不满多加注意，感知客户的表情、神态、行为举止，以分析客户批评的原因，做到未雨绸缪。

另外，对于客户的批评与解决情况，要做好记录，并且定期总结。在处理客户批评时，如果发现客户不满意的是产品质量问题，应该及时改进制造环节；如果客户不满意的是服务态度与技巧问题，应该向有关管理部门提出，以加强教育与培训。

销售员在应对客户的批评时有什么处理技巧呢？

在处理客户的批评时，除了要依据一般程序外，还要注意与客户保持沟通，改善与客户的关系。掌握实用的小技巧，有利于缩小与客户之间的距离，赢得客户的谅解与支持。

一、心态平和

对于客户的批评要有平常心，客户批评时常常都带有情绪或者比较冲动。这时，应该体谅客户的心情，以平常心对待客户的过激行为，不要把个人的情绪变化带到对批评的处理之中。

二、认真倾听

多数情况下，批评的客户需要忠实的听众，没完没了地解释只会使客户的情绪更差。面对客户的批评，销售人员应掌握好聆听的技巧，从客户的批评中找出客户对于批评期望的结果。

三、转换角色

在处理客户的批评时，销售人员应站在客户的立场思考问题："假设自己遭遇客户遇到的情形，将会怎样做呢？"这样才能体会到客户的真正感受，找到有效的方法来解决问题。

四、保持微笑

满怀怨气的客户在面对春风般温暖的微笑时会不自觉地减少怨气，与销售人员友好洽谈，最终达到双方都满意的结果。

五、擅长运用肢体语言

在倾听客户的批评时，销售人员要积极运用肢体语言进行沟通，促进对客户的了解。比如，用眼神关注客户，使他感觉受到重视；在客户批评的过程中不时点头，表示肯定与支持。这些措施都能鼓励客户表达自己真实的意愿，并且让客户感到自己受到了重视。

6.如何扩大再销售，实现转销售

开发新客户，不忘老客户，老客户同样可以带给我们再销售和转销售。我们要在维护老客户、扩大再销售的基础上，通过老客户转介绍，或者我们直接开发的方式，不断地扩大销售份额，让新老客户"百花齐放，百家争鸣"，互相促进，相得益彰，才能实现我们销售的价值最大化。

俗话说：开发一个新客户，是维护一个老客户成本的五倍。对于已经成交的客户，优秀的销售员一定会想方设法扩大再销售，以及让客户实现转介绍，这就是一门销售的艺术了。其实，扩大再销售或者实现转介绍，是一种借力使力，它甚至可以产生倍增效应，让销售步入一种良性循环状态。因此，让成交客户扩大再销售或实现转介绍，便成为很多销售员追求的境界。那么，我们具体该怎么做才能实现这一点呢？

一、在产品上下功夫

产品是多种形态的，它可以分为核心产品（核心功能、利益等）、有形产品（包装、外观等）、附加产品（比如服务等）等。因此，要想扩大再销售，或者实现客户转介绍，推销符合客户需要的产品是至关重要的，这是前提和基础工作。如果产品不过硬，扩大再销售或者转介绍就没有根基。推销产品，不仅包括核心及有形产品，无形的附加产品更加重要，比如品牌和服务，可以增加产品价

211

值，让客户的满意程度达到最大化。

二、提供超值服务

销售员在提供了符合客户需求、让客户满意的产品之后，要想扩大再销售，让老客户能够做我们的义务宣传员、推销员，实现转介绍，还要做好超值服务工作。这也许是分外的事情，但却也是客户感觉最有价值、受尊重甚至物超所值之所在。比如，销售员要做最大化的超值服务，就不仅要做好售前、售中、售后服务，还要提供顾问式服务。这里包含两层含义，一是销售员要用心服务，而不是用嘴服务。也就是答应给客户的服务项目一定要兑现；二是销售员会做顾问式销售，不仅把产品卖给客户，还能做客户的参谋。

三、先交朋友，再做生意

生意场上有了朋友更容易拓展业务。一些销售员在做销售时最容易犯一个毛病，就是过于商业化，言必称产品或者销售，让人感觉不爽。要想做好扩大再销售或实现转介绍，销售员要从以下两个方面着手：

1.真心关心别人，对待别人。

蒙牛老总牛根生曾经谈到他的经营之道，称其之所以取得成功，是因为其会"三换思考"，即换心、换位、换岗。正是因为以心比心，才对对方多了一份理解，多了一份默契，多了一份包容。所以，销售员在跟老客户打交道的过程中，一定要跳出生意圈，先交朋友，再做生意，最后才能形成"客户+朋友"的关系，这样的关系才是长久的。

2.为客户着想，用心感动客户。

销售的本质就为客户提供一揽子解决问题方案的过程，没有问题，还要我们销售员做什么？因此，销售员要能够权衡企业与客户利益，能够给客户解决疑难问题，比如利润低、滞销、积压等，通过实际行动感动客户，谁为客户着想，客户就一定会为谁着想。

四、做一个有影响力的人

要想让客户垂青你，你就要做一个有影响力的人。为何他们愿意为你扩大销售或者转介绍客户呢，你的资本就是设法让自己成为一个有影响力并且备受欢迎的人。怎么做呢？有两点大家可以借鉴：

1.让自己成为受欢迎的人。如何让自己受欢迎呢？首先要做好人，做事之前先做人，人做好了，朋友就多了；其次，自己要保持良好的心态，要做一个积极、乐观、感恩、执着、勤奋的销售员，给客户带来向上的、快乐的因子。

2.让自己成为有影响力的人。如何做呢？这里有最关键的一点，那就是努力让自己成为专家，让自己成为市场专家、营销专家、管理专家，通过广泛学习，提高自己的专业度，为客户提供外脑服务，客户才会信服你，才会听你的，才会跟着你走，让销售最大化，让他们为你去做口碑销售员。

五、要时时关注销售细节

细节决定成败，作为销售员，要想扩大再销售，或者实现客户转介绍，就要注意工作中的一些细节，别小看这些细节，它有可能决定你再销售的成败。

1.要把每次成交当成下一次合作的开始。只有把每一次成交都当成开始，我们才能始终如一地提供产品和服务，才能想客户之所想，急客户之所急，耐心为客户做好产品介绍、售后服务等诸多细节工作。

2.要定期电话沟通，询问客户对于产品及服务的意见或者建议，虚心与客户进行互动而真诚的交流，及时解决客户在使用产品当中的一些实际问题。

3.做好人情关系，在客户生日、节假日、结婚、生孩子等特别日子，发个祝福信息或者亲往祝贺，这样都会慢慢积累你与客户的情感关系，从而变交易关系为朋友关系。

六、采用一些方法和工具

这个世界上，没有永恒的朋友，也没有永恒的敌人，只有永恒的利益。关系营销、情感营销是我们促使客户扩大再销售，实现转介绍的好方法，除此之外，对于企业来说，还可以采取的一些方法或者工具有：

1.通过制定奖励制度等，把扩大再销售，尤其是转介绍固化下来，用利益激励的手段来进行推进。

2.俱乐部会员积分。成立新老客户俱乐部，不仅提供培训、沙龙、论坛等增值服务，而且还对每次客户转介绍给予一定的积分，达到一定标准，可以给予现金、奖品或者旅游奖励等，激发客户的积极性、主动性。

3.发放一些调查表，让老客户找合适的潜在目标客户填写，从而挖掘新客户，并通过老客户牵线搭桥，及时进行跟踪，促使成交。

4.及时给客户提供一些企业或者行业最新资讯，通过增强客户对公司的信任，提升对你服务的满意度，从而提醒客户进行转介绍。

总之，销售员要想扩大再销售或实现客户转介绍，就一定要讲究方法和技巧，要积累和发展与客户的良好关系，通过不断的积淀，厚积而薄发，从而实现销售的"核聚"和倍增效应，在给客户提供价值的同时，也实现自己的价值最大化。